いじめと
向きあう

教育科学研究会 編

旬報社

はじめに

大津いじめ自殺事件が提起したもの

昨年（二〇一二年）は、大津、品川、札幌などで相次いだ「いじめ自殺」事件が教育問題の中心にあった年でした。これまでも同様の事件が起きるたびに大きくとり上げられ、多くの人びとが子どもたちの死を前にして胸を痛めてきました。しかし、今回はその様相がこれまでとはかなり異なりました。たとえば、一九九〇年代半ばに大河内清輝君が亡くなった事件をはじめとして、やはりいじめによる自殺が問題になったときには、「どうしていじめを防げなかったのか」「なぜ死を防げなかったのか」という関係者たちの痛切な反省とともに、子どもたちはどんな状況におかれているのかという関心が強くはたらいていました。当時、メディアの切り取り方も手伝って「子どもたちの心の闇」とか「普通のよい子がなぜ」という問いや驚きが発せられました。もちろん、それ自体、おとなが「自分たちはまともである」という前提のもとでのものであり、本当に子どもの立場に立ちきって事実に則して問題を考えるという点では不十分なものではありました。それでも子どもの現状を理解したいという雰囲気を全体としては共有してはいたと思います。

しかし、今回はいじめを受けた子どもが亡くなってしまったという事実の重さよりも、事件への対応をめぐって学校の隠蔽体質の問題や教育委員会は機能していないというような疑念と批判がメディアを通じて広範に流布され、学級・学校解体論や教育委員会不要論といった、教育システム問題に焦点化されたというのが特徴の一つです。もう一つの特徴は、なぜこのような事件が起きてしまったのかを問う前に、子どもたちの関係を「加害者―被害者」の立場に分けたうえで「加害者」に厳罰を加えよ、という論調が強調されたことです。

厳罰化では問題は解決しない

もっとも、このような論調は二〇〇五年から〇六年にかけて北海道や埼玉で起きたいじめ自殺事件をきっかけにして、当時の安倍首相が肝いりでつくった教育再生会議による、「いじめ加害者」への「毅然とした対応」をすべきとする提言・通達が出されて以降、繰り返し強調されてきたものではあります。具体的には、子どもの「問題行動」をいささかなりとも曖昧にしないという「ゼロ・トレランス」をベースにして、「強い指導」を行い、場合によっては出席停止、停学・退学、さらには警察への通報を躊躇しないことなどが挙げられます。同時に、道徳教育の「充実」によって規範意識を養うことも強調されてきたことです。そして今回の事件を、おそらくはきっかけにして、政府・自民党は以上のことがらを法律として明示し、強制力を持たせようとしているのが現状です。

しかし、このような対応を事実上制度化した二〇〇六年以降、「加害者」として認定され、なんらかの処分を受けた子どもは増えましたが、暴力やいじめの件数が劇的に減ったと言える証拠はありません。むしろ厳罰の制度化が、「いじめがなぜ起きるのか」「なぜ見えづらいのか」「なぜ解決が難しいのか」という本質的な問題から人びとの目をそらし、子どもの人権を守るべきはずの教師の教育実践感覚を鈍らせてはいないのかという危惧さえ覚えます。

「なぜいじめが起きるのか」——そのメカニズムの解明こそ

あらためて確認しておきたいことは、学校が集団で学ぶ場であるかぎりいじめはなくならないという現実を直視することです。子どもが集い、相互にかかわる以上、そこになんらかの関係が生まれます。その関係のとりかたをめぐって、子どもたちのあいだでさまざまな「調整」や「試行錯誤」が繰り返され、その過程では軋轢やトラブルも起こりますし、それを避けるための「ふざけ」や「いじり」「はずし」—はずされ」が、結果的に「いじめ」へと転化してしまうというメカニズムをリアルに認識しておかなければなりません。当事者にさえ「いじめ」がそれとして認識されにくいことの理由もここにあるのです。

一方、ここから短絡的に、内藤朝雄氏などが主張するように、子どもを一つのクラスに固定して「仲良く」することを強制するような学級・学校を解体するべきだという議論も登場しています。たしかに、本人の意思にかかわりなく、同じ年齢だからという理由だけで一つの教室に「収容」することを当然だとしてきたことに関しては検討の余地があるのかもしれません。しかし、これは近代学校の基本的な特徴であり、これを多少変形させて異年齢クラスや単位制を導入している北米・ヨーロッパ諸国においても、いじめはやはり重要な克服するべき課題となっていることから見ても、ことがらはそう単純ではありません。しかも、内藤氏らの主張を延長していけば、子どもたちの関係性を完全に断ち切って孤立させることにつながりかねませんし、そうなれば、市民社会の主体者として育ちゆくための経験と方法を子どもたちから奪うことになります。

むしろ、重要なことは、現在の日本の学校で子どもを死に至らしめるような深刻ないじめがなぜ起きてしまうのかを事実に即して明らかにすることです。

そして、いま少なくとも指摘できることは、学校のなかだけでなく社会の緊張状態が異常に高まっているということです。九〇年代半ば以降の新自由主義的政策の競争・成果主義によって人びとは疲弊し、子どもたちも同様に絶えず競争と評価にさらされ、安心して学ぶことさえ困難な状況に追い込まれているという事態が、深刻ないじめの土壌となっていることを軽視するべきではないでしょう。あらかじめ子どもたちを競争・敵対関係に配置しておいて、上から「いじめはいけないことだ」と繰り返し言ってみたところでそこにどんな効果が期待できるというのでしょうか。私たちの視線をこのような構図をつくりだしているものへと正しく向ける必要があります。そもそも、学校でおきているいじめがいま問題とされてはいますが、世の中には職場でのさまざまなハラスメントやマイノリティに対する侮辱的な行為や言動が蔓延しています。それをつくりだしている張本人たちの言葉を子どもが信用できるとでも思うほうが幻想でしかありません。

いじめ解決は子どもの権利

重要なことは、いじめはなくならないがなくすために、仮に起きたとしても深刻化させないように、全力を尽くすのが教育実践の本質的な役割であることを確認していくことです。現在のように、いじめが起きると学校や教師の責任が追及され、いじめた側の子どもの、子どもとしての権利が簡単に剝奪されて当然というような雰囲気のなかでは、「事件」化する前に予防し、厳罰で対処するという方法にすぐに飛びつきたくなる心理がはたらくのもわかります。しかし、それは教育実践意思の放棄であり、教育の敗北であるということを意味します。

すでに述べたように、人が集まれば、そこになんらかの関係が生まれるのは当然のことです。それは学校だけではなく社会生活を送るうえでは避けて通ることはできません。そのような関係づくりを通じて人は人として成長していきます。

いじめもそうした関係づくりのなかで生まれるトラブルの一つです。そして、これを暴力によらずに、互いの多様性を認めあう、いわば民主的なコミュニケーションを通じて解決する体験を通して、子どもは人と人とのかかわり方を学ぶことができるはずです。これを「早期発見」「早期解決」の目的で監視・管理を優先させたり、「いじめ加害(候補)者」を有無を言わせずに排除したりするならば、子どもたちの学ぶ権利を奪うことになってしまうでしょう。

いじめを教育実践の課題にすえること

本書は、これまで述べてきたことを基本的な合意として編まれました。改めて本書所収論文それぞれの役割を整理するとおおよそ次のように言えます。

いじめは、近代学校がもつ抑圧性を起源とはしていますが、今日の深刻ないじめは、それ以上に、現在の日本社会にある暴力性・攻撃性を背景にしていることを正確にとらえる必要があります(久冨論文)。そして、そのような環境のなかで「親しい」関係を築こうとする子ども・若者の必死の努力がかえっていじめを生んでしまうという、悲しいメカニズムとその実態を明らかにしました(長谷川論文、片岡論文)。ですから、「加害—被害」といった単純な二分法ではこの問題をとらえることができず、ましてや「加害者」に厳罰を加えるという対処法では、いじめはさらに「密室化」し、「見えにくくなる」ことを、「コラム」「ブックガイド」を含んだすべての論文が共通に指摘しています。さらに厳罰を受ける子どもは、子どもとしての権利を奪われ、いじめの事実から学ぶことさえ許されないという二重の困難に直面します（三坂論文）。そうではなくて、子どもがいじめとは何かを学び、自分たちの力で克服していく経験を保障する必要があります。それは単なる道徳として教え込まれるような性質のものではなく、問題の奥行きと広さのなかで、平和や民主主義そして人間の尊厳とは何かを、実感をともなった科学的認識として獲得する学習が十分に保障されなければなりません(伊藤論文、宮下論文)。

本書の立場は、ある意味での「正義」を楯にして「加害者」への厳罰を求める空気が充満する今日の状況のなかでは、「甘い」「それでいじめはなくなるのか」という批判を受けるかもしれません。しかし、私たちは、いじめを予防・取り締まりの対象ではなく、教育実践の課題にすえることを通して、今日の教育のありようを深くとらえ直し、教室・学校を子どもが自由と安心を感じられる教育・文化空間として再構築していくことができると信じています。これこそが、迂遠に見えても、子どもをいじめ自殺に追いやらないためのもっともラディカルな闘いであると思うからです。この闘いを、本の出版というかたちで支えてくれている旬報社、そして編集を担当してくれた田辺直正さんに感謝します。

佐藤　隆

いじめと向きあう　目次

いじめのなかの子どもたち

片岡洋子　千葉大学

　約十年間、教員養成学部での「いじめ・不登校と子ども理解」という選択授業をとおして、大学生といっしょにいじめについて考えてきました。ここでは、二〇一二年度の授業で受講生が書いてくれた「いじめ体験」を素材にしながら、いじめの渦中にある子どもたちの実態をとおして、いじめとは何かについて考えてみます。まず、いじめがなぜ「見えにくい」のか、くり返される暴力としてのいじめが子どもたちから何をうばっているのか、そして「いじり」など親しい関係の維持のなかで起こる暴力について考えます。最後に「いじめる子ども」をどう見たらよいのか、教師たちの洞察と教育実践記録をとおしてとらえなおしてみます。

1 いじめって何？

当事者の子どもたちがわからない

A子さんは、小学校の低学年で転校してすぐに起こったできごとを、当時のつらかった気持ちとともに思い出して書いています。

校内用の靴や下足用の靴が隠されたり、ランドセルをベランダから中庭に落とされたり、下足箱のネームプレートを隠されたり、傘を隠されたり折られたり、上着や体操服を廊下に投げられたり、アトピー持ちだったことから「アトピー」と呼ばれたり、今考えればとても陰湿で幼稚な内容の嫌がらせだった。……学校に行くことが嫌で嫌で仕方なく、無理やり親に学校に連れて行かれた記憶がある。登校時間や下校時刻になると「今日は靴はあるだろうか」「傘はあるだろうか」という不安に襲われ、大丈夫だと安心するという毎日の繰り返しであった。幼い私にとっては毎日がいっぱいいっぱいだった。親に「転校する前の学校に戻りたい」と泣いてせがんで困らせたこともあった。

Ａ子さんは、この自分の経験をいじめだとは思っていませんでした。当時は「いじめ」とは「よくドラマで見るような暴力行為や集団リンチ」であって、「自分がいじめを受けていたという認識はなかった」そうです。ですからＡ子さんは教師や親に「いじめられている」と訴えたことはなかったのです。Ａ子さんは、自分の経験をいじめと名付けることのできないまま、「私の中の閉ざされた記憶であり、決して思い出さないようにしてきた記憶」としてきました。

一方、Ｂ子さんは、小学校高学年のときの担任教師にいじめとみなされ叱られた経験について、「どうして私たちの行為がいじめになるのか」と不満を述べています。

わたしは、クラスの中の女子において中心的なグループにいた。それゆえに、いつもトラブルの中心に引っ張り出されていた。いつも外や体育館で、はしゃぎまわっているような元気なグループだったと思う。ある日、クラスの中でもおとなしく、休み時間は本を読んだり、友達と絵を書いたりしている、私たちとは話したりもしないような子（仮にａ子ちゃんとする）が、休み時間に遊びに出かけようとする、私たちの後ろについてくる、という不思議なことがあった。それから何日かそのようなことが続くのだが、私たちが「どうしたの？　何か用かな？」と聞いてみても、何も答えず困ったように笑うだけなので（ａ子ちゃんは、あまり上手に自分の気持ちを伝えられない子だった）、先生にどうすればいいだろうかと、相談することにした。後日そのａ子ちゃんの話を聞いた先生に、私たちは軽く怒られる羽目になる。真相はこうだった。a子ちゃんは、私たちと一緒に遊びたかったらしく、後ろをついてきたらしい。遊びに誘ってくれないかな、と待っていたのだと。それなのに、どうしてあなたたちは、誘いもせず、一緒に遊んであげもしないのか、という風に、先生に責められたのだ。その時の言葉には、それはいじめじゃないのか、というニュアンスも含まれていたと思う。あまりに理不尽だ、と当時感じたのをよく覚えている。そもそもa子ちゃんは、心臓が悪く、私たちと一緒に走り回って遊ぶようなことはできない。体育も見学している時もある。私たちも危険性も多少は理解していた。そんな子を、走り回る遊びに誘えるわけがない。それなのに、どうして、私たちの行為が、いじめになるのか。

B子さんたちは、a子ちゃんがなぜ自分たちの後を着いてくるのか知りたくて教師に相談したのですから、教師は「a子ちゃんはあなたたちといっしょに遊びたいけど、それを言えなかったのだ」とB子さんたちに伝えて、「心臓に負担がかからないようにどうやったらいっしょに遊べるか」をいっしょに考えてくれればよかったのです。しかし、a子ちゃんの誘ってほしい気持ちに気づかず、いっしょに遊ばなかったことを責められたB子さんたちは、まるでa子ちゃんをいじめたかのように教師に言われたと感じてしまったのです。

2 「いじり」と「いじめ」の境界線のわからなさ

いじめとは何かがわかりにくくなっていることの一つに、いじめと思われる行為でも遊びだとみなす「いじり―いじられ」関係があります。大学生からも「自分の経験はいじめではなく、いじりだった」とか、「いじめといじりの区別がわからない」という声があがります。では「いじり」「いじられ」とはどんなことをさすのか、当事者はどう感じていたのか、学生の体験を見てみましょう。まずは「いじり」の経験をもつC男さんです。

中・高でよくあったのは、あくまで「いじり」だと思って本人たちはやっているのだが、一線をこえて、「いじめ」になっていると思われることをその子にするというものである。例えば、何人かで一人の服を教室など人目のあるところで脱がせたり（これには私も参加していた）、テープでぐるぐる巻きに手をしばってベランダに監禁したり（これにも私は参加していた……）、振り子の要領で投げ飛ばしたり（これにも……）といった具合である。今考えると明らかにいじめだと思う。非常に反省している。しかし、当時は面白半分でやっていた。そして、そんなにひどいことをしているとも思わなかった。また、そのことで、友人関係が壊れるということもなく、普通に仲良くしていた。

C男さんは冒頭で「一線をこえて『いじめ』になっている」と書いていますが、その後に書かれていることとあわせて読むと、今そう思うのであって、当時は「一線をこえている」とは思っていなかったようです。「友人」がどう感じていたかについては書かれていません。たぶん当時わからなかったのでしょう。抵抗しなかったり、苦痛を訴えたりしなかったのは、その友人が「優しい人間」「精神的に強い人間」だったからだろうと書いています。

次は、「いじられ役だった」というD男さんです。

小・中学校時代、私はいじられ役で、授業・休み時間関係なくいじられていました。自分でもそのキャラクターは認識していましたし、トータルでみれば楽しい学校生活でした。担任の先生も、小学生のときに一度クラスの男子に注意したことはありましたが、中学生のときは注意することもなかったので、先生たちは「いじり」という認識をしていたのだと思います。ただ、その中でも嫌だなと感じることはあり、露骨に態度に出しているときもありました。最も記憶に残っているのは、中学生の時の文化祭で、勝手に好きな子に告白されたことでした。先生はこの事実を知らないので、何もありませんでした。普段は「いじり」であっても、ときに「いじめ」である場合もあり、またそのことに限って先生が把握できないこともあると思います。最近いじめの問題が多く取り上げられるようになりました。教師は、加害生徒と被害生徒の関わりの場面は見かけていると思います。しかし見かけるのは、自分の体験（いじる側・いじられる側双方を含めて）から「いじり」と判断できるもので、裏では「いじめ」が行われているとは想像できないのではないでしょうか。

いじられ役でも学校生活を楽しんできた私は、教師となって生徒たちを見ているとき、「いじり」であるという判断を下しがちになり、「いじめ」の発見が遅れるのではないかと思います。自分が経験したようなことであれば、「あれはいじりだし、本人も嫌がるものではないだろう」などと判断してしまうような気がします。

どんなことを「いじり」としてされていたのか具体的な行為はわかりませんが、嫌だと感じるときは、それを態度に出していたようで、それがブレーキになってエスカレートするのを防いでいたのかもしれません。D男さんが「最も記憶に残っている」嫌だと感じたことは、「勝手に好きな子に告白されたこと」です。そのとき中学生のD男さんの大切な気持ちを踏みにじられた悔しさは想像できます。しかし、いじられ役だと自他共に認めていたD男さんは、それについて怒りをあらわにして強く抗議することはできなかったでしょう。なぜなら彼の「トータルで見れば楽しい学校生活」は、周囲がおもしろがっている雰囲気をこわさないで、いじられ役のなかに自分をとどめておくことで維持されていたからです。

3 いじめの「精神的苦痛」はだれが判断するのか

文部科学省の「いじめの定義」の問題については、本書の久冨善之論文や長谷川裕論文でも述べられていますので、ここでは学生の経験にあるような、いじめかどうかのわかりにくさとの関係で、定義の問題を取り上げます。

文部科学省の定義では、いじめとは「当該児童生徒が、一定の人間関係のある者から、心理的、物理的な攻撃を受けたことにより、精神的な苦痛を感じているもの」となっています。B子さんが担任教師から「いじめではないか」ととがめられたのは、a子ちゃんの「遊びに誘ってもらえなかった」という苦痛を教師がいじめによる苦痛と混同したからではないかと考えられます。「心理的、物理的攻撃」があったかどうかより、「精神的な苦痛」で判断したのでしょう。また、C男さんやD男さんの例で見たように、いじりといじめの境界がわからない理由の一つは、いじられているほうが「精神的な苦痛」を感じているようにはふるまわないことにあります。

芹沢俊介は、文部科学省の定義の問題点は「標的の特定」と「暴力の反復継続」という「いじめの基本像」を見えなくさせていると批判し、警察庁少年保安課のいじめの定義を対照しています（「いじめの定義の大切さについて」『現代思想12月臨時増刊号いじめ――学校・社会・日本』）。芹沢によれば、警察庁少年保安課のいじめの定義の要点は、①いじめの標的の座に坐らされる者が特定されていること、②その標的に対し、物理的（身体的）暴力、心理的暴力（ことばや仕草による種々のいたずら、嫌がらせ、無視等が典型的）が反復継続して加えられていることです。この二つの条件があれば「いじめを他の暴力とは異なるものとして、基本像を思い描くことが可能」だと芹沢は言います。そして文部科学省の定義の欠陥についてあげます。そのうち以下の二点は重要な指摘です。

一つは、暴力の反復継続という視点を失ってしまうと、いじめか否かを判断するのに、標的に加えられた「心理的、物理的攻撃」の個々の場面の個々の暴力を対象にせざるをえないということ。もう一つは、「いじめと思うか否か」「精神的苦痛」を感じたか否かを標的になっている当人に確かめざるをえないということです。芹沢は文部科学省の定義では、こうした混乱が生じてしまうと言うのです。

芹沢が言うように、「個々の場面の個々の暴力」がいじめに当たるかどうかではなく、標的が特定された暴力の反復継続こそをいじめの特質とみなければならないでしょう。たとえば、A

がBを殴ったとしても一回だけで、周囲が止めるなど継続することが抑えられた場合は、あるときAによるBへの暴力行為があったという問題です。しかしAがBを殴るという行為は一回だったとしても「また痛い目にあいたいか」と脅し、あだ名で呼んでからかい、使い走りをさせ、金品を差し出させたとすると、継続した一連の暴力のくり返しのなかにあるので、いじめを構成している暴力の一つになります。「痛い目にあいたいか」と言ったのはいじめにはあたらない、金品を差し出させたのはいじめにあたるなどと、一つひとつの行為がいじめに当たるか否かと判断することが必要なのではないのです。

からかいや悪口は、子どもはだれでもしたりされたりを経験します。お互いに言い合い、やられてやり返す場合はけんかとみなされるでしょう。しかし特定の子どもがずっとやられ続けていれば、いじめです。そこでは、一つひとつの悪口を取り出して、ひどい悪口かどうかというより、それがずっと続くということがダメージを与えているのです。精神的・心理的攻撃の継続は、相手から抵抗力をうばい、屈服させてしまう、つまり支配と従属の関係を築いてしまうのです。

そうなれば、そして「精神的苦痛」を被害者が感じていたとしても苦痛をあらわして助けを求めることができなくなります。そして「精神的苦痛を感じている」か否かをいじめの指標にすると、被害者が苦痛を否定すればいじめとはみなされなくなってしまいます。どんなに周囲の生徒が、ある生徒がくり返し暴力をふるわれていると言っても、その生徒自身が「遊んでいただけだから、大丈夫」と言えば、周囲はそれをいじめとは認識できなくなってしまいます。

4 いじめ・暴力が人からうばうもの

いじめとは標的を特定した暴力のくり返しですから、いじめは暴力によって構成されています。では、暴力とは何でしょう。森田ゆりは暴力とは何かを子どもたちに教えるためには、子どもにもわかりやすい「人が自分や他人の心とからだを深く傷つけること」という暴力の定義を共通理解にしたいと言います。森田は、ことばや無視による心理的暴力はすぐにはからだを傷つけないが、心理的被害の深刻さはやがて身体的支障をきたすようになるので、「心とからだ」の両方を傷つける行為と定義しています。

だれからの暴力か、どれくらいの期間かにかかわらず、暴力被害者に共通する三つの心の状態があると森田は言います（森田ゆり『子どもと暴力』岩波現代文庫）。

一つは、恐怖と強い不安を感じることです。恐怖や不安によって、それまでできていたことができなくなったり、暴力をふるう相手の言うなりになったりしてしまいます。

二つめは、無力化におちいることです。何をしてもどうせだめだ、自分には何もできないと自信がうばわれてしまいます。

三つめは、行動の選択肢をせばめられることです。家に帰る近道で通り魔にあうと、怖くて同じ道を歩けなくなり、便利な近道で帰るという選択を失います。もっと他にできることはないかと自由に発想を広げることができなくなり、自分にできることはこれしかないと限定してしまいます。ときには復讐という選択肢以外に考えられなくなることも起こるでしょう。

森田は、子どもに暴力から身を守ることや、暴力をふるわないこと、暴力をふるわれたらどうしたらいいか具体的に教えるCAP（子ども暴力防止）プログラムの主宰者でもあります。CAPは、子どもたちは生まれながらにして、「安心して生きる権利」「自信を持って生きる権利」「自由に生きる権利」を持っていると教えます。そして暴力をふるわれると、安心・自信・自由の権利がうばわれるのだと説明します。前に述べた暴力被害によってもたらされる三つの状態も、安心・自信・自由がうばわれることに対応してとらえられています。つまり、恐怖と不安は安心して生きる権利がうばわれたことであり、無力化は自信を持って生きる権利をうばわれたことであり、選択肢をせばめられるとは、自分で自由に選んで生きる権利をうばわれたことなのです。

こうした考え方に立てば、暴力被害でうばわれた安心・自信・自由をいかにして早く回復するかが、暴力被害者への援助のカギとなります。ケガをして身体が傷ついたらできるだけ早く傷の手当をするのと同様に、心の痛みをことばであらわすことを促し、それをだれかが受けとめることが必要です。しかし、暴力がくり返されるいじめにおいては、傷が回復しないうちに、次々に傷が増え、そしてそれらの傷も深くなっていきます。つまり恐怖や不安、無力化、選択肢のせばまりが増幅していきます。単発的な暴力でも起こりうることですが、くり返される暴力としてのいじめは、いじめ被害者に、こうなったのは自分が弱いからだ、自分が悪いのだと思わせ、抵抗することをあきらめさせてしまうのです。

5 親しい関係といじめ・暴力

C男さんの「いじり」の体験にあった、「教室で服を脱がす」「テープでぐるぐる巻きに手をしばってベランダに監禁する」「振り子のように投げ飛ばす」という行為の一つひとつは暴力です。しかしC男さんは当時、暴力だとも思っていませんでした。C男さんやD男さんのように、暴力を暴力として認識させない「いじり」でつながる「友だち関係」はなぜつくられてしまうのでしょう。そこでつくられる友だち関係の親しさは、夫婦間や恋人どうしのあいだで起こるドメスティック・バイオレンス(DV)と類似しているのではないかと考えてみましょう。

恋人どうしのあいだのドメスティック・バイオレンスは、デートDVと呼ばれています。今は中学生や高校生でも男女の親しい友だち関係があります。そこで「つきあう」という特定の男女関係になると、友だち関係とは違う親密さをつくろうとします。友だち関係ではありえないようなぞんざいな言葉づかいや無理な要求をしあう関係が特別に親しい関係のあかしになりえます。たとえば「おまえ」呼ばわりをする、高価なプレゼントをしあう、他の友だちとの約束があっても急にことわるなど優先的なつきあいをする、携帯メールを見せあって秘密をもたない、などです。性的関係がすすめば、いっそう他の人間関係とは異質な関係をもとうとします。DVは男性から女性への暴力が多いのですが、束縛しあう関係をつくろうとする点においては女性が男性を支配することも往々にして起こります。つまり好きなら言うことを聞けという関係です。嫌だと思ってもがまんする、それが相手への好意の証しになると思ってしまうのです。

恋人どうしの関係だけでなく、仲の良い関係を維持するために、相手が喜ぶ、おもしろがるならがまんする、そのようなことが仲のいい友だちグループで起こってしまうのではないでしょうか。親しくなるとはそういうことだ、相手に嫌だと言ったら関係がこわれてしまう、そういう気遣いが、親しい関係のなかでの暴力に気づかないという点で、DVと似ているのではないかと思われます。ここでは取りあげられませんでしたが、女子の友だち関係のトラブルにもよく見られます。

ＤＶにはサイクルがあると言われています。とても仲の良い蜜月（ハネムーン）期、ストレス蓄積期、暴力が爆発する時期、後悔して謝罪し、またハネムーン期となり、次のストレス蓄積期とサイクルが続きます。親しい友人グループで「いじり」や「いじめ」が起こるときも、しょっちゅう暴力をふるわれているのではなく、ＤＶのハネムーン期のように優しくされるときがかならずあるでしょう。優しくされたときのことを思い出し、それを維持するためにＤＶ被害者は努力します。ＤＶ被害者は、優しいときの相手が本来の姿だと思い、相手が暴力的になるのは、自分が相手を怒らせるようなことをしたからだと反省します。そして暴力の原因は自分がつくっている、今度は怒らせないように自分ががんばろうとします。やがて自分の感情に無頓着になり、相手の感情や反応に異常に神経をつかい、相手を怒らせないかどうかという不安のなかで生きていきます。ですから相手が暴力の手を緩めただけでも慰められます。親からの虐待を受けている子どもも同様です。

「いじり」や「いじられ」の経験を書いてくれたのはほとんど男子学生でした。男子生徒にとって、いじめの被害者であると周囲から見られるのは屈辱的でしょう。自分が「弱い」と思い知らされるからです。それよりは「いじられキャラ」のほうが自分を受け入れられます。いじりとは相互了解にもとづく親しい関係の一つであって、いじられるという役割を求められ応えているのだと周囲に見せることでプライドは保たれます。

恋人から殴られても暴力だと思わず、「愛されているからだ」と思いこんでいる人が暴力被害者だと自覚することは容易ではありません。どんなに暴力をふるわれても恋人がいない人よりは幸せだと思い、恋人と別れることのほうがつらいとさえ思っています。「いじり」の中にいる子どもたちに、やっていることは暴力ではないかと指摘しても否定するでしょう。ごまかすつもりではなく、そういうつきあいかたをよしとする友だち関係だと本気で思っているからです。そして、そんなつきあいの友だちでも、友だちがいなくて孤立するよりはましなのです。

C男さんとD男さんの「いじり」「いじられ」の体験を読んで、「中学ではいつ自分がいじめの対象になるかを恐れ、だれかがいじめに遭っているあいだは自分にはこないと思って安心していた。高校ではいじられキャラで人気を得たおかげで楽しい高校生活を過ごすことができた」と書いた学生がいました。いじられキャラは「おいしいポジションだった」そうです。しかし、その学生はその後、いじめを恐れ、いじられキャラを演じて、自分の気持ちより周囲にウケることを優先してきたことが、大学に入ってから自分の正直な考えや気持ちをことばにして表現することが苦手な自分に気づき、いま悩んでいることに関係しているのではないかと考えるようになり、高校時代の「いじられキャラ」を肯定できなくなっていきました。それもまたDVや虐待のサバイバーが、恋人や親との関係を失うことを恐れ、無力化させられていた自分を振り返るときの語りとよく似ているのです。

6 いじめをしてしまう子どもをどうとらえてきたか

なぜいじめをしてしまうのか、それは学生たちが最も考えたいと言うことの一つです。ここでは、いじめをしてしまう子どもたちを教師たちはどうとらえ、教育実践をつくってきたかについて、学生たちと読みあってきた実践記録から取り上げてみます。

丹羽徳子が一九八八年度に転勤して受け持った六年生のクラスで、M子が「とても暗いいじめ」をはじめます。M子に聞いた話はこうでした。

一、二年生の頃、わたしはいつもいじめられていた。たまらなくなり先生にいいつけると、先生は相手の子も呼んで理由を問いただした。でも決まって先生は〝いじめるほうも悪いけど、いじめられるあんたも、ぐじぐじしているからなんだよ。さあ、先生はいそがしいから、なかよく握手してこれで終わり〟とわたしの気持ちなんかちっともきいてくれなかった。わたしはやっと強くなれたから、あのときいじめた人たちにふくしゅうしてやる!

丹羽はさっさと問題を片づけようとする教師の対応が、子どもにこんなに長い間くやしさをもち続けさせてしまったのではないかと思います。そして、M子に「そんなことをしてはだめ」とは言わず、「どんなふくしゅうをするのか」を尋ねます。するとはっきりした計画や方法があるわけではなく、「何かにつけていやがらせやいじわるをするつもりだ」とM子は言いました。その後、丹羽はM子に、教師たちがゆっくり話を聞くことができずに、「はやく」「さっさと」だけで接しているゆとりのなさをわびます。そして「だけど、Mちゃんが、いま、ふくしゅうしたいと気づいてよかった。もっとおとなになってからだと、どうしようもない自己嫌悪に陥るかもしれないからね」と言いました。

M子はその後「心の薬」という詩を書き、そのなかで「心のきずにつけるくすりがあったらいいな」「心の薬があったら　つらいことも　悲しいことも　すぐ忘れられるのにな」と、いじめで傷ついた自分の心をみつめています。結局、M子は悶々としながらも嫌ないじめをするようなことはありませんでした(丹羽徳子「不安とさみしさのよどみにたゆとう子どもたち」『教育』一九九一年一〇月号)。

M子に復讐心を抱かせてしまったものは、いじめにあったときのつらさだけではなかったのです。低学年の当時の担任にもわかってもらえなかったことが、その子たちより強くなって復讐するしかないとM子に思わせていたのです。M子の話を聞いた丹羽が、当時の担任に代わって、教師たちがM子の話をちゃんと聞いてやれなかったことをわびたとき、M子のくやしさの一部が消えたのでしょう。そしてくやしさにおおわれていた悲しみを、はじめて「心の薬」という詩のことばにしたのです。

原田真知子は、一九九〇年代半ば、四人組と恐れられていた男子のうち三人がいる五年生のクラスを受けもちます（原田真知子「『悪ガキ』たちとともに」全生研編『暴力をこえる』大月書店）。すぐに暴言、暴力で周囲を威嚇する三人から子どもたちを守りながら、彼らの下ネタにも付き合い、対話を重ねるうちに、悪ガキ四人組はじつは隣のクラスの力也と他の二人によって残りの一人が順番に外されるという、傷つきおびえあう関係だったことがわかります。さらに彼らの力関係を激化させたバックには、サッカー部の能力主義を徹底させた指導体制があり、彼らを四人組としか見てこなかった自分も含めた「学校」があったことに気づいていきます。さらに、暴力をふるう子どもたちは、じつは父の暴力の被害者であり、子どもたちの母も夫の暴力に耐えていることがわかっていくのです。

原田は、親との語らいを通じて、暴力的な三人の子どもたちが仲間はずしと裏切りのくり返しによって想像以上の「関係性崩壊の苦しさ」をかかえていることを知っていきます。四人組の中心で隣のクラスにいた力也の母親は、いつも夜遅く町なかの公衆電話から原田に電話をしてきました。原田は力也の母の「おびえたような声と口調は、暴力によって無力化された者の苦しさ」であると受けとめ、「聞き取る」者として関わっていきます。

暴力をふるう子どもたちが抱えている友だち関係への不安を見ることなく、問題行動だけに焦点を当てて子どもやその親に注意を促すという学校の対応が、子どもたちを追いつめ、さらなる暴力に追い立ててきたと分析した原田は、教師として、暴力の加担者ではなく、彼らの同伴者である位置に立とうとしました。

「悪ガキ」たちの授業中のたち歩きやおしゃべり、他の子の発言へのからかい、暴言などが飛びかう教室で、子どもたちが話しあえる関係をどうつくるか、原田は、学級で起こる日常的な問題について口頭で話しあうのは無理だと判断し、まず新聞からテーマを拾ってきて、匿名で意見を書かせ、プリントし、紙上で意見を交わしあうことを始めました。露悪的にふるまってきた彼らも、匿名ならば「ワル」のプライドを捨てて、率直な意見を書けるのです。彼らの一人は「ホームレス殺人事件」について、「なんでこんなひどいことをするやつがいるんだ」と書きました。

社会的問題をテーマに紙上討論を重ね、一学期の半ばになってから、授業中の彼らの態度で自由に発言できないという子どもの意見をとりあげます。原田が読み上げている途中で、彼らは怒って教室を飛び出します。誰が書いたのか教えろという彼らに、原田は「今の段階では匿名でしかあの意見は書けないこと」「いずれ堂々とみんなが言える日がくること」「それまでは匿名でもいいから意見を出しあおう」とさとします。原田は彼らが書いた授業への不満や要求も大事な示唆を与えてくれると受けとめ、とりあげていきます。やがて朝の会や帰りの会で直接彼らに要求することが少しずつできるようになって、匿名紙上討論の役割が終わりを迎えます。六年生になっても続いた新聞記事等を題材にした討論会で、彼らは中心的存在になっていきました。

からかいや暴言ではなく意見として述べること、それならば聞いてもらえるということを原田は彼らをはじめ学級の子どもたちに教えていきます。話しあうとおもしろい、話しあうと何かを変えられる、そうした体験の積み重ねが、暴力やいじめによる関係をくずし、話し合いによって問題を解決することを子どもたちに学ばせていくのです。

三人組がくずれて新たな男子のグループがつくられる中でもトラブルは起こりました。そのつど、話しあっていましたが、五年生の二学期、保という男子が彼ら三人にいじめられます。原田は久しぶりに三人と向き合って、「あいつだけはどうしても許せない」という事情を聞いていきます。幼稚園時代にまでさかのぼるエピソードを、「やられたことってなかなか忘れられないのもなんだね」「よっぽどいやな思いをしたんだね」と原田は聞き続けます。やがて一人が「謝る」と言い出します。ただし今まで言えなかった悔しかった気持ちを言わせてほしいと付け加えます。そして、保に対し、順番に過去の悔しさを話したうえで「でも、いじめというやり方は間違っていた。ごめんなさい」と謝りました。それを泣きながら聞いていた保は、謝ってくれてありがとうと言うと同時に、かつて自分がしたことも謝ったのです。

「いじめというやり方は間違っていた」と考えられたのは、悔しさをことばで伝える、話しあうという体験の積み重ねによって、いじめではない「やり方」を学んできたからです。いじめをやめさせることができるのは、いじめのもとにある「むかつき」を別の方法で表現し、解決することができるということを教えることによってなのです。

原田真知子が小学校でこうした実践をしていた同時期に、中学校で一年生の担任だった宮下聡も、いじめへの対応に苦慮していました。被害者を守る、いじめをする生徒を注意することのくり返しでは問題が解決しませんでした(『教育』一九九五年一一月号)。

いじめの中心人物は剛でした。剛との関係が悪化していく中で、宮下は、両親から剛が小学校時代に円形脱毛症になるほど辛い思いをしていたことを聞きます。からかいや暴力をくり返す剛が見せているのは「擬態」ではないかと思うと、暴力的な剛のふるまいがそれまでとは違って見えてきました。そして、宮下も原田と同様に、匿名による紙上討論をおこないました。何を考えているのか直接言い合うことのできない状況で、本当はいじめについてどう考えているのか、どんな学級になってほしいか、一人ひとりの意見をプリントしていきます。他の人が何を考えているかを知り、自分と同じ気持ちでいる人がいることに安心できる横並びの関係を少しずつつくっていきます。同時に料理の鉄人大会など、生徒たちが楽しみながら交流できる行事の工夫をしました。

いじめをする子どもを厳しく罰することでいじめをなくすという厳罰主義の考え方がありますが、これらの教育実践は、罰を与えることではいじめは解決しないことを教えてくれます。いじめをしてしまう、暴力をふるってしまう子どもは、暴力の被害者であったことが多いのです。子ども自身がそれに気づいていけるよう、暴力によらない関係をどうつくるかを教えられ学ぶことのできるような教育実践が多くの教師によってつくられてきました。自分の気持ちや考えを表現できること、それをだれかに受けとめられること、それがないと暴力は広がります。

7 いじめ・暴力とは何かを子どもに教えること

これまで述べてきたことの多くは、子どもたちにこそ教えたいことです。いじめ・暴力とは何なのか、当事者の子どもたちこそ知る必要があります。森田ゆりは、暴力について子どもたちに教える必要を説きます。それこそ教育でできることです。大きな地震の後には津波がくると教えられていた子どもたちは高台に逃げました。火事になったときの避難訓練を学校でおこないます。しかし、いじめは火災や地震よりも高い確率で子どもたちをおそいます。いじめとは何か、いじめたくなるのはなぜか、いじめの被害者はどういう心理状態になるか、周りの人に何ができるかなど、予防教育をする必要があります。高校生へのデートＤＶについての教育、職場でのセクハラ・パワハラ研修が広がっているのは、暴力についての知識を得ておくことが加害—被害の早期発見と解決につながるからです。いじめについて「道徳」授業をするのなら、徳目や態度を押しつけるのではなく、暴力についての知識を教え、考察を促すことが必要です。

小学校の現場から

子どもの表現がつくる「人間的な思いとつながり」

伊藤 和 公立小学校教諭

あいつぐ「いじめ・自殺」事件の報道や、大津の「いじめ」調査報告書を読んで、小学校の子どもたちとの毎日で何が大切なのか、何度も問い返し考えました。教員やスポーツ界の指導者の体罰や暴言による事件も続いています。親たちも、リストラや非正規雇用の増大、労働・生活条件の悪化のなかで、大きな不安を抱えています。今の生活から落ちないように、子どもを「学力」「習い事」の競争に追い込んでいく状況があります。

学校でも、詰め込むように教える内容が増えた教科書、「学力向上」という名でテスト結果の数値が目の前に示されます。分刻みの授業・学校生活・文書づくりに追われる毎日で、ともすると教師も子どもを「指導・評価」の対象として見たり、生活背景や発達課題から「子どもをまるごと」とらえる目と余裕をなくしたりしているときがあります。

それでも、子どもからの表現（日記・詩・作文を軸に）を大切にし、それらを読み合うとき、子ども一人ひとりが立ちあがって見えてくるのです。自由な子どもの生活や思いの表現は、読み手一人ひとりにとっても違った意味をもって響き、書き手へ思いを寄せたり新たな発見をしたり、読み手が自分の生活や内面を語り始めたりします。このことが「子ども自身が人間らしい生き方を追求[1]」していくうえで、大切なのではないか、と考えています。三年生の子どもたちの姿、実践から考えてみたいと思います。

1 仲間はずしの遊び

子どもたちはケンカをしたり友だちとぶつかったり、失敗をしながら成長していきます。そのなかで、「子どもたちの人間関係が、お互いの行動をしばりあって苦しんでいたこと」や、「相手をからかったり、はずしたり、攻撃したりすること」は、三年生にもありました。

二学期が始まってすぐの昼休み後、「恵太が鬼ごっこでタッチしても鬼にならないから、ぼくたちはもう恵太と遊びません。三回目です」と同じスポーツチームのメンバー五人が訴えにきました。放課後に話を聞くと「もう遊ばない」と言われて怒った恵太は、たたいたり、服を引っ張ったりして相手は階段から落ちそうになったというのです。恵太は「みんなが誰が鬼か教えなかったり、だましたりする」と言います。「鬼でないよ」と言って近づいてタッチしたり、鬼になるとはやし立てて楽しむ鬼ごっこになっているようでした。今までに他のメンバーが鬼にならないこともありました。私は「鬼なのに『鬼でない』とウソつくのはやめよう。そして、タッチされたら潔く鬼になろうよ。暴力はよくない。階段で落ちたら大けがするし、こうやって話しに来て」と話しました。他のメンバーには「ぼくたちは遊びませんってまとめないで」と一人ひとりに聞くと「次から鬼をやるんなら、遊びたい」と祐二は言います。恵太は「タッチされたら鬼になるから、だますのはやめて。ごめんね」と話しました。その日は、五・六年生との委員会の時間になっていました。「三回目だから納得できない」と言う子どもには「家の人とも、どうしたらいいか話してみてごらん」と言って別れました。冷静に家の人と話すクッションを入れて、また明日話そうと思いました。

ところが私の言葉を「自分の子どもを悪いと思っている」と捉えてしまった数人の親が翌日学校に来て、幼児期からの恵太の暴力と親への不満を話しました。お互いの子どものことをやんわりと話せない関係が見えました。私の伝え方も反省しました。お母さんたちは不満を話しきると、少し冷静になりました。恵太もふくめて見守っていくこと、心配なことは相談してほしいことをあらためてお願いしました。子どもたちは話が大きくなっていることに驚いたのか、「暴力はしないでね」「ルールを守ってね」と仲直りしたように見えました。しかし、数日後に、同じメンバーが恵太を仲間外れにしたことを母親から聞きました。

恵太の母親は「暗い顔をして帰って来たので、どうしたのか聞くと、帰り道でゴミを踏んだ恵太に『キモイ、にげろ。恵太にさわったら遊ばない』とみんなが逃げて帰ったそうです。恵太も友だちをたたいたりして悪いことをします。でも、『遊ばない、キモイ』と言って逃げて、これはいじめですよね？　運動靴を買い換えました」と話しに来ました。「明日、子どもたちに聞きます。そして一人にされて帰った恵太くんの気持ちをいっしょに考えます」と約束しました。お母さんと話しているその時間、スポーツチームのメンバーは、恵太も入れて校庭で遊んでいる、という不思議な状態でした。

次の日、一人ずつ、「昨日、帰り道に何かあった？」と聞くと、和夫は「昨日、恵太をいじめたこと？　恵太にさわったら遊ばないと言うから、はなれて帰った」と自分から話しました。最後に五人全員で話しました。「ゴミを踏んだだけで、もう遊ばないと言われてみんなが逃げて帰って、恵太はどういう気持ちだったろうね」と話すと、和夫が涙をためて話しだしました。

和夫　「悲しかったと思う。みんなが遊ばなくなるといやだから、恵太を一人にして帰ってごめんね。はじめスポーツチームの仲間がいっしょのクラスになって、どんなに楽しくなるかと思ったのに……ぜんぜんちがった。クラス遊びがない午前休みには、だれかが教室にいる間に、他の人がどこかに行ってしまって、探さなくてはならなくて、いやだった」

智　「誠はキャプテンだから残されなくて、あとは代わりばんこにおいてきぼりにされて、気づかないうちにどこかに行ってしまう。だから楽しい午前休みは一度もなかった。探して見つけると『何でついて来るんだよ』と言うし、行かないと『何で来ないんだよ』と言われるから、どうしたらいいかわからなくなる」

スポーツチームではミスをすると「カス」と言われること、レギュラー争いや力関係があることと、それが学校の休み時間や放課後まで、チームの子どもたちを支配していることに気づかないでいました。一学期に、和夫が同じチームの上級生にいじめられていることを話してくれたメンバーでもありました。そのときも相手の上級生に話しました。「誰かを仲間はずれにしたり、カスとか言い合ってチームワークがよくなるのかな?」と。

——　「誠くん、何で黙って、一人か二人だけ連れて、教室からいなくなるの?」

誠　「休み時間、一人でいたいときもある」

——　「それだったら、『一人でいたい』と言おうよ。他の人はちがう人たちと遊べるじゃない。

次は自分がおいていかれるかもしれないとビクビクしたり、休み時間を自由に過ごせなかったりしたら、苦しいよ」

帰り道「キモイ、にげろ、さわったら遊ばない」と言った相手と放課後は遊んでいるのです。同じスポーツチームということでの拘束力も働くのでしょう。教室への置いてきぼりも、遊び感覚なのかも知れません。その場が過ぎれば普通に遊び、また誰かを外して楽しむのです。「こんな休み時間は嫌だ」と思いながら、言えないでいたのです。体を思い切り動かして遊びたいメンバーです。この話し合いがきっかけになり、一人ひとりが他の友だちと遊んだり、メンバーも一緒に大勢で遊んだりするようになりしました。その後もケンカや「わる」もしていました。三年生という時期は、ケンカ・いたずらや「わる」をしながら、「これ以上はダメ」ということを学んでいくときなのだと思います。また、人をはずしたり、困らせることを楽しんだりする関係（いつか自分がその立場になるのでは、という不安と表裏一体である）について考える機会になりました。

このような数人で対象を変えての仲間はずしが日常化していくと、自分たちで抜け出せなくなるときがあります。周囲の目に見えないところで、遊びのように「嫌なこと」が続いていくために、教員や大人が気づくのが遅くなってしまう難しさがありました。忙しい毎日ですが、何よりも子どもの表情や行動の変化に心をよせていくこと、トラブルは子ども・親や同僚と「心配ごと、悩み」を語り合う関係をつくっていくチャンスにしていくこと、が大切なのだと思います。

2 大人の言動をそのままに……

ストレスがたまる生活

子どもたちは、大人の言動をそのままうつしだすときもあります。相手が困ったり、いやがったりすることばを「そこまで、どうして言うの?」と考えてしまいます。

雪江の母親からの連絡帳で知りました。「隣の席の子ども(A)に、私の働いている店で買ったおにぎりを食べて『食中毒になり入院した。だからあの店には行かない』と言われたと雪江が話します。事実でしたら、ご家族にもお詫びしたり、店にも報告することなので確認してほしいです。事実でなく、嫌がらせで言ったとしたら、許せる範囲をこえています」。すぐにAに聞くと、かなり前のことで、買ったおにぎりを公園で食べてたら、すぐに吐いたことがあり、それを見ていた大人が「食中毒だ」と言ったからだといいます。医者に行ってもいないし入院もしていないのです。雪江の話し方や行動に違和感をもっていたからなのです。「食中毒」はお店にとって大問題であり雪江に言うことではないこと、雪江への嫌がらせでしかないこと、などを話しました。Aは雪江と母親に謝りました。

また、政志がやけに落ち着きないな、と思っていたとき、数人とケンカになりました。塾の教師が言った「政志は、○×（動物）よりできない」という言葉を、同じ塾で聞いた一人が教室でも言い始め、三人で政志に言っていたのです。母親は政志に「気にしない」と話していたといいます。私は気づかないで申し訳なかったと母親に詫びました。その後、母親が塾の教師に話したことを、政志は日記に書いてきました。

「じゅくの先生があやまっていました。（略）毎日言われていたけど、きょうぜんぶきえました。うれしかったです。けどなんか、かなしいです。うれしかったです」と。「うれしかったけどかなしいのは、何が悲しいの？」と聞くと、「また、言われるのではないかと思って」とまだ不安をもっていることを話します。お母さんにもそのことを話しました。お母さんは「会社でもいじめはあるんですよね。何人が辞めていったか。そういうときに自分がどうしたらいいか、学んでいってほしいと思って」と、自分も「いじめ」のある職場で苦しんでいることを話してくれました。子どもも大人も「いじめ」を目の前にしたとき、自分はどうするのかをともに考え、話し合っていくことが求められているのです。

おとなしい聖子のお母さんから「きょう、何もしていないのに、前の席の男の子から『うざい、キモイ』と言われたとしずんでいます。いじめられているのではないかと心配で。」と電話をもらいました。次の日、「前の席の子」に様子を聞くと「聖子さんの隣の賢君と言い合いになって、賢君に言ったんだよ。」と言います。賢君も言い合ったことを思い出し、二人が言い合っていることばを、聖子は自分に言われたと思い傷ついていたことがわかりました。

聖子の場合は勘違いだったわけですが、子どもたちの「感じ方のちがい」について考えました。子どもたちは、つい「きもい、うざい、しね、きえろ」などの言葉をつかってしまいます。言っている人も心がトゲトゲすることや、聞いている人も嫌な気持ちになることを伝えますが、相手の気持ちを考えたり想像することがなかなかむずかしいようです。八年前、北海道で六年生の女子が「キモイ」と言われ、みんなに避けられて自殺したときに書いた手紙を読んで話し合う時間をもちました。その際、どういう時に「きもい、うざい、しね、きえろ」など言葉を言ってしまうのか、子どもたちに聞きました。ケンカ・いやなことを言われたりされたりするときが多く、お互いに言い合ってしまうことはあるようでした。男子の中には、「ストレス」という言葉がたくさん出てきました。

● ストレスがたまったときに言っちゃう。母にテストがわるいときにおこられた次の日に(マル秘)。

● ストレスがたまっているとき、ふざけて言ってしまう。他の人が言っている時、ノリにのって言ってしまう。
● ムカついたり、ストレスがたまったとき、いらつくと思いながらいってしまう。
● 先生や怒る人、その人がいない間に、友だちと「気持ち悪い」と言ってしまう。
● 人がしっぱいした時に「ださい」とか面白がったりしたり、友だちにちょっと何かやられたとき。かげで友だちと「あいつ　うざいなぁ～」とか、ちょっとしたことですぐおこったりするから。

一人ひとりストレスの中身はちがうので、ていねいに見たり聞いたりしていくことが必要です。三年生でも大人がいないとき、ふざけやノリで面白がって言っていることがあることがわかります。手軽なストレス解消、いらついた気分の発散になっている面があります。そして、この子どもたちの放課後のスケジュールに驚きました（**表1**）。決して中学受験の多い地域ではありません。子どもたちの放課後と土日の習いごとの時間です。

表1　3年生のあるクラス（一部）の子どもたちの習いごと

	A	B	C	D	E	F（学童）	G（学童）	H	I	J子	K子
月	塾（2・3時間）	フットサル（1時間）英語（1時間）		英語（1時間）	公文（1時間）	公文	公文、塾	ピアノ（30分）	そろばん（40分）		
火				空手（1.5時間）	水泳（1時間）	体操		塾（2時間）	プール（1時間）	習字（1時間）	
水	スポーツ（2.5時間）	スポーツ（1.5時間）	英語（1時間）	スポーツ（1.5時間）	スポーツ（1.5時間）	水泳	習字	水泳（1時間）		バレエ	英語（1時間）ピアノ（30分）
木	公文（1時間）				公文（1時間）	公文	公文	塾（2時間）	そろばん（40分）	ピアノ（グループ・1時間）	合気道
金	塾（2・3時間）	スポーツ（1.5時間）	スポーツ（1.5時間）	スポーツ（1.5時間）空手（1.5時間）	スポーツ（1.5時間）		塾		習字（1時間）	ピアノ（個人・1時間）	そろばん（1時間）
土	塾テスト（3時間）水泳（1時間）	水泳（1時間）ピアノ（30分）	剣道（3時間）	水泳（1時間）		水泳 マラソン	マラソン 水泳	水泳（1時間）	スポーツ（4時間）		
日	試合	試合	剣道（3時間）試合	試合	試合	サッカー マラソン	サッカー	テニス（1時間）	スポーツ（5時間）		合気道（1時間）

週に四日通う男子は多いのに、女子は二人でした。塾・英語・公文は宿題があり、試験に向けての勉強もあります。子どもたちは、学校でも放課後や家庭でも「やらされる」ことが多い生活の中にいます。そして、そのことが勝利主義や、競争に勝っていくことを目指す価値観と結びついていると、その期待に応えなくてはという圧迫感や落ちていったらどうしようという不安が、ストレスのようにイラツキとともにたまっていくように思えます。「やらせている」教員・親たちが、「何を大切にして生きていくのか」を考え合うことが求められています。

「いじめ」を外から規制・禁止したとしても、抑圧された生活や感情がなくなるわけではありません。「だれかと競争するのではなく、その人らしさを発見するために学習をする」「内発性、『内発』ということは人間の教育におけるもっとも根本的なものであり、もっとも大事にされなければならないもの[2]」という教育観・学習観に立ち戻り、「内面からの要求により、自分を生かしていく、精いっぱい人間として生きていく」生活・社会の主体者として子どもとともに育つ、教育実践をしていきたいと考えます。

学校にも「学力競争」や「できる・できない」の評価の場でなく、自分をだせる、自分を表現できる場と人間関係が求められています。

3

子どもの表現がひらく

生活・内面を書く、読み合う

何気ない生活の中で、心をふるわせたり動かしたりしたことを日記や詩に書いてもらいます。そして、それを「一枚文集」に印刷して、読み合います。質問したり、感想をいったり書いたりします。「妹が先にさか上がりができた」「宿題はおれのてき」「ほうかご教室で『わる』をした」など、その子の生きている生活や感情・思いが立ちあがってきて、子どもたちに響くのです。「子どもたちの表現」と「子どもの内面の自由」は、相互に紡ぎ合うように生みだされていくのだと思います。

クラスに広汎性発達障害の宏とアスペルガー症候群の夏美がいました。それぞれ専門機関にも通っています。「変わっている」「みんなと同じようにできない」ということで、排除したり攻撃したりされないようにしたいと思いました。だれにも得意なことと苦手なことがあること、苦手なことは助け合ったり教え合ったりしていこう、と話してきました。二人の特性を子どもたちが理解するのは難しい場面がたくさんありました。「何回言ったらわかるんだよ」と怒る子どももいて、そのたびに二人の状況をていねいに説明していました。でも、二人の日記に書いたみんなの一言感想はあたたかくて、一人ひとりちがっていて、何度も読み返しました。

お母さんにおこられた　　　　　　宏

今日ぼくはキックボードをしていてころびました。足を道路にうっていたくてキックボードをけりました。お母さんが来て

「キックボードがわるいんじゃないよ。」

と言って、キックボードをもって行きました。ぼくは道路を足で強く何回もふみました。またお母さんが来て

「足はいたかったかもしれないけど道路もわるくない。そういうことをすれば足はなおるの？」

とおこりました。でも　ぼくはまたキックボードをわざとたおしました。お母さんはもっとおこりました。ぼくはないて

「ごめんなさい。」

とあやまりました。お母さんが

「日記は自分がやってしまったことを書きなさい。」

と言いました。

こういうこと、あるよね。思うようにいかなくて、いたい思いをすると、物にあたってしまうこと！　お母さんが言うように、よけいいたい思いをしちゃうのにね。みんなで一言かんそうを書いてみよう。

◆宏くんへ――みんなから

● ひろしくんは、ものにあたったけど、みんなそういうことあるからおちこまないでね。

● わたしもそういうきもち　とてもわかります。わたしは、お母さんに言われたんですけどクッションをなげるといいですよ。

● 見たかったテレビが見れなかったから、ドアを強くしめたら　ドアのレバーがとれておこられたよ。

● ぼくもゲームでしっぱいしてムカついたこともあったよ。おれもひろしくんもいっしょだね。

● おにいちゃんと大げんかして　おにいちゃんにわたしのふでばこをなげられて、おにいちゃんのマンガを一ページやぶって　おかあさんにおこられて、えんぴつをおってしまって　それは自分のでした。ひろしくんのきもちはわかります。

● ぼくもぎゃくぎれしたりしてるけど　れいせいにかんがえたら　じぶんがわるいって

きがつくかもよ。

「いま、笑うところ？」と母親に聞いたりするという宏は、人の感情の理解が苦手です。友だちは大好きで関わりたいのですが、会話のやりとりがちぐはぐになったり、自分の持ち物が見えなくなるとパニックになったりします。一方で、地名や興味をもったことは細かい違いまで詳しく覚えていたり、絵に描いたりすることが好きな宏です。そんな宏の日記は、お母さんに「日記に書きなさい」と言われて書いたことですが、新しいクラスのみんなの心をひらいてくれたように思います。同じような経験をしながらも、自分からはなかなか書かなかった「おこられたこと」です。宏の日記から、物に当たっておこったり泣いたりしている宏の姿が見えてきたのでしょう。そして、自然に宏の中に自分を重ねて、「自分といっしょだね」「ぼくもぎゃくぎれしたりしているけど」などと、共感や自分の体験、アドバイスなど書いていました。宏の生活や思いを考え、自分や自分の思いも見つめていきます。宏もみんなの感想を、うれしそうに聞いています。

おじいちゃんのおそうしき　　　夏美

おじいちゃんのおそうしきをやった。とてもかなしかった。お母さんの方のおじいちゃんとおばあちゃんもきてくれた。おぼうさんがたくさんおきょうを読んでくれた。バスにのって式場をいどうした。バスの中で弟とだきあってたくさんないた。おじいちゃんをやいてほしくないからだ。でも、夏たちは、上のまちあい室につれていかれた。そのあいだに、おじいちゃんをやくことになった。一時間ごぐらいにおわってよばれた。かなしかった。

「おじいちゃん　やかれたの？」

と私がいったら、

「そうだよ」

とパパがいった。その会話を何回もくりかえして　またたくさん泣いた。そうしたら、弟が

「じゃあ　おじいちゃん　たべよっか」

といったからびっくりしてわらった。でもやっぱり悲しかった。おじいちゃんは空でおばあちゃんと仲よくしているかな。

◆**夏美さんへ**

●おじいちゃんが大すきだったんですね。気もちがわかるような気がします。元気だしてね。

●わたしのおじいちゃんはしんだときに　さいごにおばあちゃんがキスしてたよ。

●おかあさんがそふぁにすわりこんでたから「どうしたの」ときいたら「おばあちゃんの

おとうとがなくなったんだって」といっていました。六〇さいでなくなりました。かなしいですね。わたしもなきました。一じかんくらいです。

●この日記は、すごくかなしいことが　すごくわかりました。やっぱみんなだれかが死んじゃったらかなしいよね。

●わたしの友だちもおじいちゃん、おばあちゃんがしんでしまったそうです。でも、「じいちゃん　ばあちゃん　元気かなぁ」と言っています。夏美さんも天国のおじいちゃん、おばあちゃんに声をかけるとうれしいと天国で思うかもしれません。

●ぼくのおじいちゃんも七三才で死んでしまいました。それでやくときはかなしかった。

夏美は自分の世界を強固にもっていて、気がつくと読書をしています。文章表現も好きで、算数や音楽では驚く能力を発揮しますが、何かでもめると手や足がでてしまい、人との関わりが苦手でした。そんな夏美が、おじいちゃんが亡くなったことを二回続けて日記に書いてきました。本人や家族の了承をもらい、読み合いました。普段は自分一人の世界にいるようで、怒ると男子も追いかけ回す夏美の学校ではわからない一面でした。また、家族や親戚、人間の「死」について話すこともあまりしていませんでした。「弟とだきあって泣いた」「その会話を何回もくりかえして　またたくさん泣いた」夏美の姿と思いが、子どもたちの心にそれぞれ響いたように思いました。まだ体験していない子どもも夏美の気持ちを想像しています。そして、「死」という別れを子どもたちなりに自分の体験や生活から考えて、夏美への一言を書いています。子どもたちの一言感想は、私の赤ペン（コメント）より、やわらかくて豊かなだあと、よく思います。二人への一言感想も「一枚文集」に載せて読みました。夏美は、みんなも同じように経験する「悲しみ」であることを知ります。

4 読み合いの授業で

友だちに攻撃的な言動が目立った友也と洋一です。友也は二年から担任していたため、日記や詩の読み合いは一年半経験していますが、洋一は三年からの担任です。洋一は友だちの詩や日記の読み合いには、斜めに構えることが多く、ちゃかしたり、つっこんだりしています。

しんでしまった　　　　香里

朝、おきたら、

子ねこのしろがしんでいた。
さわったら　つめたくて　かたくなっていた。
しろにお手紙をかいた。
しろをにわにうめた。
お姉ちゃんといっしょにないた。

読み合い（一部）

S　お姉ちゃん、いたんだ。
友也　あ、僕の家で似たようなことがあった。
T　質問。
洋一　はい、質問といえば。
T　最初はちょっと質問ね。川辺君。
川辺　あの、お姉ちゃんと一緒に泣いたって言うんですけど、あの、お父さんとかお母さんとかは、まだ寝てたんですか？
香里　最初に、お母さんが子ねこのご飯をあげてて、その後に、お父さんが起きて、その後にわたしが起きて、その後に、お姉ちゃんが起きて、それで見た。

T　四人で見たの？
香里　はい。
友也　そんな死んでいるところ見られたくないな。
T　えっと、宏君。
宏　えっと、何曜日の朝何時に死んじゃったんですか？（ざわつく）
S　何曜日？
洋一　そんなの知らねぇよ。
香里　一〇月一日の……。
T　覚えてるよ。
香里　六時くらいにお母さんが見てて、見たら苦しそうだったから……
洋一　すご！　覚えてる！
T　大切にしてたねこ、死んじゃってて覚えてるんだ。はい、がく君。
がく　手紙って書いてあるけど、手紙って、ねこと一緒に埋めたんですか？
香里　ねこと一緒に埋めました。
S　ねこは何歳だったんですか？
香里　離乳したばかりだから……。

T　早く離乳するといいなって詩に前、書いていたよね。離乳って、お母さんの乳から離れて、普通の食べられるようになって一ヵ月？

香里　たぶん一ヵ月くらい。

T　はい、友也君。

友也　なんで、死んだんですか。

香里　それはわからないけど、この前にお腹触ったら硬くなってたから、たぶん風邪だと思って、たぶん風邪。

友也　風邪じゃないと思う。

S　えっと、手紙は一人で書いたの？

香里　一人で書きました。

T　どんなことを書いた？

香里　今まで、ありがとう（下を向く）。

T　ごめんね、悲しくなっちゃうね。はい、じゃあ、感想ある？

S　はい。

T　はい、友也君。

友也　僕もフェレットを飼ってて、名前は「テツ」と「ギン」。

T　おっ、いい名前だね。
友也　内出血して、お風呂に入れたら死んじゃった。
T　泣いちゃった？
友也　泣きはしない。
T　はい、山口君。
山口　ぼくもねこを飼ってて、ねこが、死んじゃって、悲しかった（涙ぐむ）。
（以降省略――他の子どもたちから、飼っていた生き物が死んだことなどが話される）
T　じゃあちょっといい。最後ね。どうぞ。
洋一　今は妹がいるから飼えないんだけど、少し経ったら飼えるから、そういうことがわかる。
（T：何を飼うの？　洋一：犬）

読み合いのときは、自由に質問や感想を言うようにしています。洋一の「質問といえば」「そんなの知らねぇよ」「すご！　覚えてる！」などは、つぶやいたものです。時間が気になる宏（広汎性発達障害）に「そんなの知らねぇよ。覚えているわけないだろう。いつだっていいことだろう」と思った洋一だが、香里は覚えていました。宏は、ニッコリします。宏は読み合いの授業の中で、少しずつ自分の感情をことばにするようになっていきました。「すご！　覚えている！」から、洋一は何も言わないで、ボーとしているように見えましたが、最後に感想を言いたいと手をあげました。洋一はみんなの感想を聞きながら、「今は飼えないからわからない。飼うと病気になったり死んでしまったりするんだな。そういうことがわかるようになるんだな」と思っていたのです。

飼っていたフェレットが死んでしまった経験をもつ友也は、「しろはなぜ死んだか」を考えていました。あの乱暴な友也がフェレットを飼っていたことも初めて知りました（フェレットの死因に疑惑はわきます。友也の中に何かのわだかまりになっているようです）。一回の読み合いの授業ですが、それぞれの子どもにとって、ちがう意味を持ちます。

子どもたちの「内言」は、書くときも読み合いでも活発に展開されています。安心と信頼が創られていくのにも、一人ひとりちがった複雑な過程があると考えます。「私も同じことがあったよ」と共感したり、自分が知らない生活現実や生活感情を知ったり、友だちを再発見したりします。その積み重ねの中で、「一人ひとりが大切にされる同じ人間である」こと、そして「一人ひとりがちがう人間である」ことを、その子どもの「良さ」だけでなく、苦手なことや弱さなどをふくめて知り、認め合っていくことができると思うのです。

勇希は食物アレルギーをもって、一年生から除去食や弁当を食べていました。三年の給食開始の時から、私も本人も食物アレルギーやアナフラキシーの苦しさ・怖さについて話し、毎月個別の献立表を掲示して呼びかけていました。勇希の三学期の日記です。

食物アレルギーの事　　　勇希

ぼくは食物アレルギーがあるけど、さいきんの血えきけんさで、牛にゅうが大じょうぶになったということがわかりました。けれど学校のを毎日のめるわけでもないんです。いっぱいのんでいると　またアレルギーになっちゃうんです。ぼくはほかにもたまごや小むぎなどいろいろあります。小むぎでは一回アナフラキシーという命にかかわるものがおきてしまったときもあります。ぼくのアレルギーは（略）七しゅるいです。ぼくは、（小むぎのパンを食べたいな）や（みんなとまったく同じきゅうしょくたべたいな）などいろいろなおもいがあります。これはクラスのみんなにしってもらいたいです。

子どもたちは「勇希くんは、アナフラキシーというのになったことがあるんですね。命にいじょうがなくてよかったです。いっしょに楽しいきゅう食たべよう」「みんなが見てない時でもがんばってるんだね！」「アレルギーがとてもつらいことが分かりました」と感想を書きました。勇希君がそんなこと思ってるなんて、びっくりしました。勇希の食物アレルギーを自然に受けとめていた子どもたちですが、勇希の日記と読み合いから、あたらめてアレルギーの辛さや彼の思いを知りました。勇希の中でも分かってほしい思いが湧きあがって書いてきたのです。

読み合うとき、教室にあたたかい空気が流れるようになります。子どもの表現がひらく「人間的な空間」なのだと思います。友だちと自分を発見して、生活と「人間」を知っていく場になります。子どもたちは、生活・内面を書き綴り、読み合いながら、湧きあがってくる人間的な感情を共有し合い、「違うことを認め合ったうえで結びつく」[3]、この積み重ねのなかで「人間的な感覚・感情」を豊かにし、新しいつながりや自分の生活・生き方を模索していく……、このことが小さな歩みでも、回り道のようでも大切なのだと、子どもたちの人間関係・「いじめ」の問題を考えながらあらためて思いました。そして、私たちは、子どもがふっと心をひらき、少しの勇気をだして表現した生活と内面を大切に受けとめる存在でありたいと思います。

点数化されない、その子どもらしさが発揮される取り組みが私は大好きです。月ごとのお誕生レク、得意技発表会、子どもたちの希望でやったお別れ会の四つの劇（一つは子どもたちのオリジナル脚本）、リレーに缶積みを入れる係の工夫、地域の囃子や踊り、地域の文化財巡り……。時間を生みだすのが大変なのですが。大変と言えば、子どもたちとゆったり過ごす時間、お母さんたちとじっくり話す時間もありません。誠のお母さんは、気になることがあると電話で一時間くらい相談します。最後の懇談会後も数人の母親と「自分がいじめられてきた経験があるから、子どもがいじめていないか、すごく心配なんです。ちっとも私のいうことを聞かない。すごい態度なんです。……」と終わりません。そのことが頭にひっかかっていて、私は「だっこの宿題」をだしました。そのときの誠の詩を最後に紹介します。

はく力だっこ　　誠

母にこう言った。

「今日だっこの宿題が出た」

と言った。

「いいよ　いいよ」

と言ったのでしてもらった。

母から出た言葉は
ただ一言だけだった。

「重くなったね。いつのまに」

と何回もくり返した。

ちょっと歩いてくれた。

自分は心の中でずっと思った。

だっこって楽だなぁ
きもちぃ〜
と思った。
けっこうきついだっこなので
三〇秒ぐらいでギブアップした。
でも　きもちよかったなぁ

（子どもたちの名前はすべて仮名）

【引用文献】

1　中西新太郎「教育は子どもをどのように支えるか」『クレスコ』二〇一三年四月号（大月書店）三三ページ。
2　大田堯『かすかな光へと歩む』（一ツ橋書房）一八四ページ。
3　大田堯『わたしたちの教育基本法』（埼玉新聞社ブックレット）七一ページ。

コラム1

中学校保健室から見える〝いじめ〟

桐井尚江（公立中学校養護教諭）

「ふざけ」が「いじめ」になる前に

検診で体育館に並んでいるときに、プロレス技をかけあってふざけている生徒がいました。技をかけているAくんはちょっと短気な性格で、Bくんはお調子者。一方、技をかけられているCくんはすこし気の弱い生徒です。一見するとじゃれあっているように見えますが、ふとCくんに不安そうな表情が見られたので、「傍から見るといじめにみえるよ」と声をかけました。するとAくんもBくんもハッとしたような表情になり、技を止めました。最近は「ふざけ」がエスカレートし、気づかないうちに「いじめ」になっていくことが多いので、「ふざけ」なのか「いじめ」なのか判断がつかないときは「いじめにみえるよ」と声をかけるようにしています。

保健室でいじめに気づくとき

「先生、元気？」と放課後のだれもいない保健室に入ってきたAさん。なんだか表情が冴えません。「先生は元気だよ。どうしたの？　疲れているように見えるけど……」と声をかけると、女子グループの中で仲間外れにされていることを少しずつ話し始めました。学校ではあからさまに仲間外れにはしないけれど、Lineで自分の悪口を言っているというのです。そこで担任の先生に伝えて、話を聞いてもらうことにしました。クラス内のもめ事なので、指導は担任にお願いすることが多いですが、保健室で気づいた時は本人に了解をとって、すぐに伝えるようにしています。そのバロメーターになるのが保健室での様子です。「いつもは友だちと来るのに、一人で来ることが多くなった」とか「表情が暗い」「教室に帰りたがらない」など気になることは先生方に伝えるようにしています。

意外と多い、いじめる側の来室

Ｄくんは短気でカッとしやすい男子生徒です。気に入らないと「死ね」「うざい」など言葉の暴力を浴びせかけ、弱いものいじめをする傾向があります。保健室に入ってくるなり「イライラする！　ボコボコに殴りたい！」と叫び、攻撃性をあらわにします。落ち着いているときは人懐っこいＤくんですが、自己肯定感が低いことや攻撃的なゲームにはまっていることなどが気になりました。話しをするうち、安定しない家庭の様子や授業についていけないストレスがあることがわかってきました。そこで先生方と相談して、どうしてもイライラして仕方ない時には一五分程度保健室でクールダウンする時間をとっています。弱いものいじめなど、やっていることは決して許しませんが、保健室でのＤくんの様子を先生方にも伝えみんなで見ていくことで、少しずつですが自分を抑えられるようになってきています。

私が日ごろから心がけていることは、保健室での小さな気づきを先生方にこまめに伝えることです。先生方も「保健室で甘えている」などと否定的にとらえるのではなく、情報として受け止めてくれるので大変良い連携が取れていると感じています。また、先生方も休み時間や放課後に教室にのこって、雑談したり勉強をみたりと本当によく生徒の中に入っていきます。そんな日常の関わりがいじめを早期に発見し、抑止するうえで大切なのだと思います。いろいろな立場の人が感じたことを気軽に話し、情報交換できる職場であれば、いじめも小さいうちに発見できるのではないでしょうか。

中学校の現場から

いじめ解決体験を子どもの学びにする

宮下　聡　元公立中学校教諭

1　いじめは起きる　そこから始まる

いじめ事件が大きな社会問題となってから、「発生件数」がしばしば問題にされています。しかし、私は学校や学級でいじめが発生するのは決して特別なことではなく、「発生件数」を問うのは意味がないと考えます。それは、文科省のいじめ定義が、「当該児童生徒が、一定の人間関係のある者から、心理的、物理的な攻撃を受けたことにより、精神的な苦痛を感じているもの」となっているからです。この定義から考えると、子ども同士の人間関係のなかで、対人トラブルが起きて、その結果、一方が苦痛を感じたらそれはもういじめということになります。さまざまな事情を抱えた発達途上の子どもが共同生活を送る学校という場で、対人トラブルが起きるのは自然のことであり、その結果、だれかが苦痛を感じるのも十分ありうることです。それはむしろ、対人関係を学ぶ生きた学習教材でもあります。ですから、いじめは「起きないもの」ではなく当然起きるものと考え、それを解決する体験を通して人とかかわる力を獲得する「学習の機会」ととらえなおすことが必要だと思うのです。そうなれば、私たちは、「いじめの（起き）ない学校」から、「いじめ解決を通して子どもが学び成長する学校」へと指導の力点を変えることになります。

もう一つ考えるべきことがあります。それは、いじめという言葉でくくられる行為が、軽度の対人トラブルの段階から相手を自死にまで追い込む、恐喝、強盗、殺人という犯罪レベルの段階まで、幅広い内容を含んでいるということです。いじめという言葉でくくられる行為には、「起きるもの」などと言ってすませることのできない、絶対に「起こさせてはならない」ものも含まれます。私は、「いじめ解決を子どもの学びにする」ということと、「いじめで子どもを死なせない。犯罪に発展させない」という二つの課題を、いじめ問題に向き合うときの基本に据えてとりくんでいます。問題は、子ども同士の対人トラブルとしての「いじめが起きる」ことではなく、初期のいじめを「深刻ないじめに深化させてしまう」ことであり、教師の指導が問われるのは、いじめを未然に防ぐことではなく、子どもを主体者として初期のいじめと向き合い、解決する活動を通して子どもたちに学び体験を保障することだと考えます。

私は、いじめへの対応は、次の四つを同時に進める必要があると考えて実践してきました。
(1) 「いじめはよくない」という基本的スタンスを子どもに示す。
(2) いじめを受けている子の身体を守る、心を支える。
(3) いじめをしている子に対しては、「非は非」として向き合いつつも、いじめの背景に(共感的に)迫るとりくみをする。
(4) クラスの中にいじめを隠さない、いじめを排する明るい雰囲気をつくる。
この四つを押さえた実践とはどんなものか、それを私自身の経験から検証してみたいと思います。

2 指導するほど悪くなるいじめ指導

学年末、最後の学年集会で、学級の代表生徒は一年間のまとめをこう切り出しました。

一学期の四組は授業妨害やいじめなどが多く、クラスがまとまっていませんでした。授業も荒れていて注意されても私語は止まらず、頭上には紙ボールが飛んでいました。学年でも学級崩壊をしているクラスとして有名でした。時が経つにつれていじめはどんどん増していく一方。特定の人にあだ名をつけてからかってみたり、授業中に人の悪口を書いた紙を回してみたり……。私は早く二年生になってクラス替えをしたい。もうこんなクラスはこりごりだ。そんなことを考えているうちに学校に通うのがだんだん苦痛になっていきました。クラスがひどく荒れているときには、宮下先生が授業中に他の先生に助けを求めることが何度かありました。『私の力では静かにできないので来てください』と、職員室に校内電話をかけている先生の後ろ姿を思い出します。いま思えば、私たちは先生に大変迷惑をかけていたのだなと辛く思います。

四つの小学校から入学してきた子どもたちでした。そのうち三つの学校で「学級崩壊」のような状況があり、担任の途中交代も経験し、中にはいじめ・授業崩壊が常態化したクラスもありました。その後、新しい担任の決意と厳しい指導で秩序を回復したクラスもありましたが、その管理の厳しさが子どもや保護者の心にさまざまな「後遺症」を残したという話も聞きました。いじめは治まっても、自分たちで乗り越えたという子どもの学び体験になっていなかったのではないかと思います。

中学校生活が始まると、私のクラスはそうした子どもたちの行為が合流シンクロして、すぐに教室を支配してしまいました。席に着かない、おしゃべりをやめない、友だちの積極的な発言は揚げ足をとって冷やかす、遊びの形をとってだれかをオモチャにする、それに同調して喜ぶ周辺の生徒……。学級日誌の反省欄に書かれた告発文を読んで、書いた生徒を攻撃する。教師が注意しても無視し、揚げ足を取って挑発する。「教師は敵」のような警戒モードで向き合う……。見るに見かねて注意した同級生には、「しゃしゃるな」というストレートな攻撃から、聞こえよがしの皮肉攻撃。そして通りすがりのささやきまで、休み時間も含めて執拗に繰り返されました。教師が話しかけても顔を見ようとせず薄ら笑いと投げやりな返事。肩に触れただけで「痛い痛い、暴力暴力」と過剰反応。説諭しても、「ハイ」とは言うものの、しみこんでいく感じがしない……。

こうした荒んだ雰囲気の中で、いじめはうまれ醸成されていきました。最初、目にあまる行為を注意をした正義派の生徒が標的になることから始まりました。

標的になった友子は、たまらず私に訴えてきました。彼女は小学校時代にも同様のことで執拗ないじめに遭い、ストレスで体調を崩した経験を持っていました。それがトラウマになって残っており、新しい出会いの中で起きた今度のことで、当時の思いがフラッシュバックして苦しんでいました。

学年体制でいじめを止める指導をしましたが事態は改善されません。むしろ、他の生徒にやらせるなど、いじめが量質ともに深刻化する気配が感じられました。現象を追う「厳しい指導」では事態打開の見通しがなく、腰を据えた指導が必要になっていました。

いじめ加害者が一人から数人へそしてその周辺の男女へと広がりをみせ、いじめの対象になる生徒も次々に変わっていきました。勇気を持って注意・反撃した子は、いじめ集団から連続的な集中口撃を受けました。B（ブタ）、D（デブ）など教師には気づきにくい、本人たちだけに通じる「隠語」をつくって冷やかし、笑いのネタにしました。「だれだ、いま言ったのは？」と追及しても、沈黙の時間が流れるだけで対象は明確になりません。ひそひそ話をしているのを見ると自分の悪口を言っているのではないかという不安、次は自分が標的になるかもしれないという恐怖がクラスを覆い空気を暗くしました。いじめられても反撃はできない。いじめを見ても注意できない。訴えを受けて注意するのは教師、しかし効果は長続きしないという状況の中でクラスは活力を失っていきました。かつて私自身が感情的な怒りを前面に出して厳しく指導した結果、子どもとの関係は悪化し、クラスは暗くなり、いじめは深化していったという苦い経験がよみがえり、その轍を踏んではならないと自分を戒めました。

いじめは、最初、「このくらいは……」という小さなことから始まります。しかし、それを見過ごしにすると大きく広がり、初期対応を間違えると見えにくいいじめとして深く潜行します。私の場合、見過ごさず懸命の指導はするものの、この対症療法的指導のままではいじめは深化し生徒との関係も悪化すること、そして、いまの学級の「荒れ」と「活力喪失」がいじめを醸成する環境になっているということがみえてきました。

子どもたちの小学校時代について、あらためて関係者から聞きとりを始めました。入学前の引き継ぎで得た情報では不十分だと考えたからです。その結果わかったのが、すでに述べたように、子どもたちはいじめや学級崩壊といった経験を小学校時代にしていること、中には家庭に複雑な事情を抱えていて、現段階で家庭に責任を預けても直ちに有効な対応を期待することは難しい子がいることでした。幼児期や小学校時代の様子をさらにていねいに聞きとって子どもも理解を深める、そして保護者との信頼関係をつくり深めながら……。何よりも、子ども本人と率直な話ができる関係をつくり、活力のある学級をつくるという基本に返った対応が必要になっていると考えました。長期戦の覚悟でした。

しかし、友子たち「被害者」の苦痛はもう限界でした。もちろんいじめ行為さえなくなればその苦痛は消えます。しかし、それが長期に及ぶとなれば「被害者」はどうなるのか。苦痛と我慢を長期化させることはできません。仮に出席停止などで一時期学校から排除したところで、「加害者」がいじめによって解消しようとしていた「事情」が解決せずに残れば、いじめは形を変えて深化するでしょう。これでは問題の根本解決にはなりません。さらにもう一つ問題がありま す。いじめに同調する子どもたちへの指導です。おとなや教師への不信と警戒、「同調する」ことと「心を閉ざす」ことでいじめ空間を生き抜いてきた体験。それはすべての子どもたちが抱えている課題でした。

3 教師がすぐにやるべきこと、やれること

いじめが発覚したときの対応としては、「いじめる側に働きかけていじめを止めようとする」のが一般的です。しかし、このやり方でいじめを根本的に止めることができないとしたらどうすればいいのでしょう。いじめがすぐになくならないからといって、いじめに苦しむ子をそのままにすることはできません。とにかく、被害者の精神的負担を軽くすることが急務です。

いじめ被害者のダメージが大きくなり自殺にまで至るというケースに共通しているのは、被害者が集団の中で孤立することです。したがって、まずなすべきことは、いじめの標的になって

いる子をクラスの中で孤立させないような支援体制をつくることです。それはいじめがあったときに教師が真っ先にしなければならないことです。そしてそれは、すぐにできることであり、学校・教師でなければできないことでもあります。

私は苦痛を訴えてきた友子の話をていねいに聞いたあと、いつもいっしょにいて友子を精神的に支えたり、いじめの状況を先生に訴えたりできる「仲間」をつくろうと提案しました。友子の意見を受けて二人の子に加わってもらいました。「いじめを止めなくてもいい。いつも友子の側にいて辛い気持ちをわかっていてほしい。そして必ず先生に知らせて」、そう伝え約束しました。それぞれの思いを語り合う時間を頻繁にとるよう心がけ、私自身もかならず声をかけました。しばらくの間、口撃は続きましたが、自分の側にいつも共感・支援者がいることを実感した友子たちの表情は少しずつ明るくなっていきました。皮肉にも「いじめグループ」の口撃は友子だけでなく他の者にも及んでいったため、被害者が出るたびに支援者をつくっていった結果、多くの子は支援者の側になり「口撃グループ」は次第に少数派になっていったのです。

いじめが行われているクラスの中にいて、「やめろ」と注意することは、次に自らがいじめの標的になるという危険性をはらんでおり、そうたやすくできることではありません。実際にそのことでいじめの対象となったという例はいくらでもあります。ですから、「注意できなければ加害者と同じ」という迫り方は、いじめを見て心を痛めている子ども心をさらに苦しくします。

「やめろと注意できなくてもいい。同調しないことが大切。そして苦しんでいる人を精神的に支えて」、私はそう子どもたちに呼びかけました。

4 子どもの声がクラスの雰囲気を変える

次に、多くの子どもが感じている「いじめノート」の思いを解決の力にしようと考えました。そこで、クラスで起きているいじめの実態と意味を明らかにしたうえで、これまでクラスで起きていたことをどう感じているか、これからクラスがどうなっていくことを願っているか、自分自身はどうしようと思っているかについて意見を書いてもらい、「みんなの意見集」をつくって一緒に読みあうことにしました。クラスの多数はいじめを非とし、いじめられている子に共感し支援している。このことが明らかになればいじめをしている子たちにはその意味を気づかせることができるし、いじめられている子には励ましを与えることができると考えたからです。掲載する意見は匿名とし、個人が特定できないように内容も加工しました。安心して本音が言えるようにするための配慮です。

こうして寄せられた意見は、期待以上のものでした。

① 言葉による嫌がらせ、からかいなどのいじめ……、とてもひどいことだと思います。前に自分もやっていたことがあったけど、そのあと逆にやられるようになってやられている人の気持ちが分かるようになりました。「やられてイヤなことは他の人にもしない」。あたりまえのことですが一人ひとりがこの意味を深く考え行動に移せばよりよい四組になると思います。

② いまのクラスについて、私は人の悪口を言うのはよくないと思う。悪口によって「自分は仲間はずれをされている」と感じさせ、このままではこのクラスや学校が嫌いになり、学校に登校してこなくなる人が出てしまうのではないかと心配だ。それでもガマンして学校に来ている子がいるならば、私はその子に「だいじょうぶ」と声をかけてあげたいと思う。その一部の人たちの心ないおしゃべりによって、授業がすすまなくなっていることも気になっていました。「あ〜、いま一番大事な場面なのに……」「えっ？　いま先生なんて言った？」、そのおしゃべりによって、先生の言った一言が、テストに出るかもしれない、私にとっては大事な大事なポイントを聞き逃しそうになることもありました。なので、いまはテスト一週間前だし、できるだけ授業に集中したいから、お願いだから黙って

て！　といつも心の中で思っています。

③　自分のできることは、まず「やられてイヤなことは他の人にはしない」、この気持ちを大切にしたいです。次に「同調しない」。これもとても大事だと思います。同調する人が減ればいままでからかっていた人たちも少なくなっていって、やる人はいなくなると思います。最後に、「みんな・優しく・信頼しあえる・楽しいクラス」。頭文字をとって、み・や・し・た、この目標のようなクラスになって一年生の修了式に、「このクラスでよかった」と思えるようなクラスにしていきたいです。

④　ある人がある人の悪口を言って笑っていたりすると、他の人もそれに乗ってしまう。そここそ話しているのをみると、「自分のことを言われているのかな」と思い、怖くなる。それがもし自分ではなかったとしても。悪口を言われている人は絶対に「何か陰で言われている」というのは分かるしつらいと思う。

⑤　いまの四組は決して良いクラスだとは思えません。友だちを傷つけ、冷やかし、ウソのうわさを流したり、ひどいあだ名をつける。これを何の罪の意識もなく平気で行ってきた一部の男女がいるために、みんなが不快な思いをしている。そして、周りも、その一部の人たちに目をつけられたり絡まれたりすることが怖くて、一緒に加わっていじめをしている。私がクラスメイトに、本当はあんなひどい言葉イヤじゃないのかと聞くと、たい

ていの人は答えに困っている。中にはイヤという人もいる。本当はイヤと思っても怖いから言えないのが本音だと思う。

⑥　一方でだれかがいじめをすると一緒にそれを楽しむ人もいる。だれかが標的になれば自分に危害が及ばないから、または自分のストレスのはけ口にしているのだと思う。いじめをすることで、自分は人よりも優位な立場にいると勘違いしている。一人ひとりと接するとみんなそれぞれに良いところがあって、みんなそれなりにいじめられている人を助けたり、止めるためにできることをしている。いじめられている子がいるとそっとめだたないように助けている人、こっそり先生に知らせてひどくならないようにしている人。みていると、やられている人が思いあまって強い言葉で言い返したり、にらみ返したりすることもある。でも、それは決して好き好んでしているのではなく、ある程度言い返さないと「こいつはいじめやすい」となめられてしまい、それが次のいじめにつながると考えるからだと思う。このクラスは、ある限られた人たちによって荒れている。そして、本当の気持ちを言えずに苦しい思いをしている人たちもいる。

⑦　いじめをしている人たちには、自分では解決できない何かがあるのだと思う。他人には言えない、分からない大きな問題なのかもしれない。そのことを追究することはできないが、その問題でクラスが荒れてしまうのならば、少しでも良くなる方向にいくよう

に考える必要があると思う。

5 読み合って互いの思いを共有する

これらの意見は、「三八人の一歩」という意見集にまとめられ、クラス全員で読みあいました。座席順に読んでいくので、いじめをしている子がいじめられている子の文を読むこともありました。そして読み終わったあと、さらに賛同や反対の意見を書き、第二集を出して読みあいました。家庭でも読んでもらい、保護者からの意見も求め、それを掲載しました。このとりくみは「傍観者」を「当事者」に変え、みんなの本音が被害者を励ますことになりました。いじめに加わっている生徒の行動は学級できっぱりと否定されたのです。第二集に載った意見を紹介します。

● 今回の「三八人の一歩」を読んで、このクラスのほとんどの人の本音が聞けたような気がします。私にもいじめられた過去と記憶があり、家族にも相談したことはありましたが一向によくならず、ひどくなる一方でした。「三八人の一歩」の中にあったように無意識でいじめをする人や、やられた側の気持ちも知らずに暴言を吐いたり、先生に言っても泣いて逃げる子や、「やっていない」の一言で終わらせてしまう子。そんな子はとっくに一人の子をいじめていたことなど忘れて、生活を送っているのでしょう。人間関係は破壊され、悔しくてもやり返せない。いまでも私の中にはたまらなく深い傷になって残っています。それは、いつまでも私の過去として記憶に残り、生涯、忘れようとしても忘れられず引きずって生きていく。その心はいじめられた人でない限り、だれにもわかってもらえないことです。このクラスでいじめている人も、逆にいじめられている人も、どっち側の人間でもない人も、いじめられる恐怖、ふさぎ込んでいく気持ち、あんなに楽しかった教室が地獄のように見えてきてしまうこと、おどされて、だれにも言えない不安、孤立していく悲しみはもう他のだれにも味わってほしくないことです。だから、いじめられている人を見かけたら、他のクラスの人でも男子でも女子でも関係なく、とにかくまず、不安を和らげて助け出してみんなのいる平等で平和な場所に導いてあげたい。私もそうしてもらっていまの私があるからです。そのときと同様にはできないかもしれないけど、その人の救いになれるのなら……と思います。

● 僕は生まれてからこれまでの一二年間のうち、「幼稚園」の二年間、「小学校」の三年〜

六年までの三年間、ほぼ毎日いじめを受けていました。この人たちは他人の心を傷つけて自分の心に快楽を得たいだけの自己中心的な人たちにしか見えません。そういう人たちはみんなで「無視」したほうがいいと思います。こういう人の心をもてあそぶような人たちには「無視」をして、孤立孤独感を味わわせたほうが一番効果的だと思います。

●やっぱりだれもが「いじめはひどい」と思い、「なぜ、人を傷つけるのだろう?」と思っていたんだ。今回、このようなみんなの意見を集め、冊子にし、話し合いをしたのは初めてだったけれど、みんなが毎日どんな思いだったのか、これまでどんな気持ちだったかが冊子を見て初めてわかった。やられていた人は毎日が本当に、本当につらかったと思う。今回話し合いをしたということで、少しでもクラスが落ち着き、いじめ、悪口がなくなるとクラス目標の「みんな・優しく・信頼し合える・楽しいクラス」に一歩近づき、クラスがより良くなるのではないかと、とても期待している。

●「意見表明①」を読んで、大体の人がクラスを変えたいと思っていることがわかり、少し安心しました。中には、「もう変わってきている」と思っている人もいて、私も前に比べて少し変わったと思います。⑩さんの意見を読んで、もしかしたら私の何気なく言った言葉がだれかを傷つけているかもしれない……と思いました。私は経験がないからわからないけれど、もし自分が言われたらどう思うだろうか……と、よく考えないといけないなあと思います。そして、周りでつらい思いをしている人がいたら、支えてあげられるようになりたい……と思います。

⑩　クラスのいじめのつらさ……、私も経験があるのでよくわかります。やっている人や、自分は関係ないと思っている人がいたとしたら、この気持ちは絶対に分からないでしょう……。自分がそうなったらどうなるかと、一度考えてほしいものです。受けたいじめはその人の深い心の傷となります。私も時間が経ったいまでも、何かのきっかけでそのつらさがフラッシュバックしまうことがあります。それほどつらいことなのです。あのときのつらさは経験者にしかわかりません。そんなとき支えてくれたのは友だちでした。いじめはもうやめてください。

保護者からも意見が届き、それを掲載しました。

● 最近の傾向として、モンスターペアレントだの、暴力行為(体罰)禁止だの……と、教育の方向が間違っていると感じます。中学生という思春期であるからこそ、教育の必要性が高いのです。社会に順応するための教育としても、教師、親が時として手を挙げることも必要でしょう。世間体を気にするあまり、教育の真髄を見失うことがあってはなりません。それでも言うことを聞かなく、直らない生徒は病院の診断を受けさせるべきと思います。

●「三八人の一歩」を読ませていただきました。一人ひとりがしっかりと問題に向き合い、考えている様子が目に浮かび、きっと何もないクラスよりも子ども達は成長してくれるだろうと思いました。

実際にいやな言葉を言われて辛い思いをしているお子さんは、希望に満ちて入学してきたのに学校に行きたくないなという気持ちと毎日たたかっているのでしょうか。まじめに頑張ろうとしている子がそのような目にあうのは何ともやりきれない思いです。周りの友達が「大丈夫だよ、私たちがついているよ」と守ってやることで、救われるのならと願っています。今回、クラスの問題を明らかにすることはある意味先生方の決断も必要だったのではないかと思います。でも、一人ひとりの子どもたちを大切に思う気持ちが十分伝わってきました。

保護者の意見は、子どもたちにとって、自分の親と教師以外のおとなたちがいまクラスで起きていることをどう見ているかを知るいい機会になりました。親の中にも建設的な議論を起こ

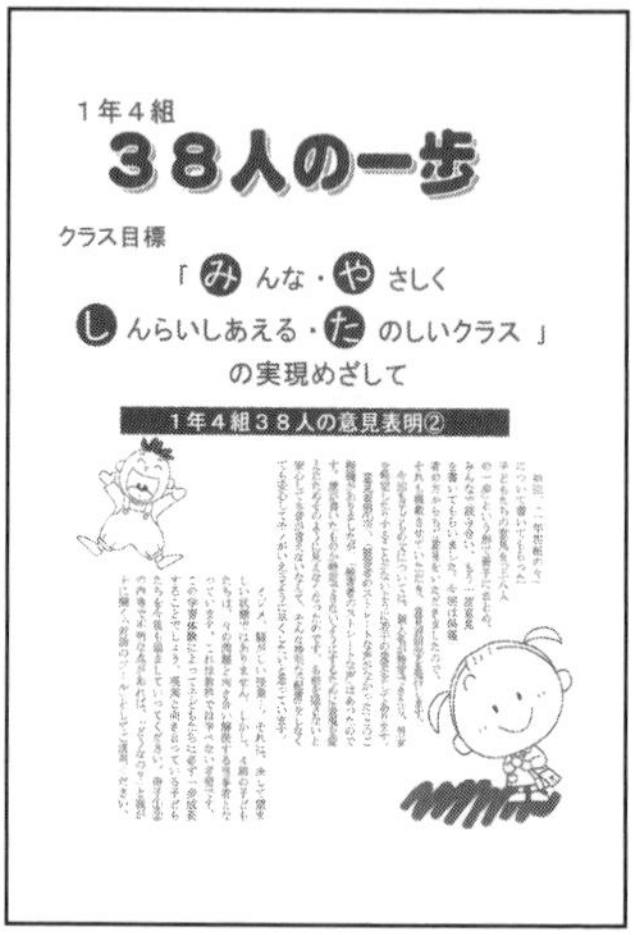

クラスをつなぐ「38人の一歩」の表紙

すきっかけになったと思います。

一学期末の学級懇談会の場で、いじめのことが話題になったときのことを紹介します。

「ウチの子はひどいことを言っている側だと思います。厳しく注意しているのですが……。いまは思春期という心が揺れる時期であることも関係していると思います。どうか長い目で見てやってください」

それを聞いて別のお母さんが口を開きました。

「学校を休んでしまうほど苦しんでいるわが子をみていると、とても『長い目で』などと言っていられません」

また、こんなふうに苦しい思いを語ってくれたお母さんもいました。

「小学校の頃から、いじめをしたとの電話をいただくたびに『人のいやがることはしてはいけない』『いじめは悪いこと』と話し続けてきました。父親が思いあまって叩いたこともあります。そのことでいまは親子関係もよくありません」

いじめに苦しんでいるのは子どもだけではありません。親も含めて学校で起きたいじめを受けとめ、その思いを重ね合わせながら一緒に考えていくということがいま必要になっていると思います。

6 「当事者」＝主体者を育てる学級づくり

「三八人の一歩」で確かめられた互いの思いには、解決に向けた明るい希望があふれていました。でも、そのままにしておいては希望は埋もれて消えてしまいます。明るいクラスにするための目に見えるアクションを起こして思いを形にすることが必要です。しかもそれは気軽にできることでなくてはなりません。私はクラス目標を大きくきれいに描いて教室を飾ろうと呼びかけました。有志参加でしたが、男女合わせて三分の一以上の生徒が放課後の作業に参加してくれました。

二日間かけて、きれいに飾り付けられたクラス目標が教室の壁に掲示されました。「みんな、やさしく、信頼しあえる、楽しいクラス（み・や・し・た）」という四月当初につくったこの学級目標は、みんなの願いを象徴しているように輝きました。すでに六月末になっていましたが、この

教室の壁に掲示されたクラス目標

頃からクラスは少しずつ変わり始めていきました。

絶望感が消えてクラスの進路に希望が見えてきたとき、行事はその希望に向けて舵を切るチャンスとなります。秋の合唱コンクールは、希望に向かう子どもたちが、クラスの雰囲気を変え前に進ませる具体的挑戦課題となりました。「優勝するぞ！」との私の呼びかけを受けて、クラスは次第に本気モードに変わっていきました。そして結果は準優勝。ここから、クラスはハッキリと方向転換して前に進み始めました。

加害者でも被害者でもない周辺の子どもを、傍観者と呼ぶことがあります。「いじめを見てはいるが関わらない子」という意味だと思います。でも、私はいじめが起きている学級に、「傍観者」はいない、すべてが「当事者」だと考えています。直接関わっていない人もさまざまな影響を受けているからです。複数のいじめグループと孤立した被害者、そしてこれらを取り巻く多数の「傍観者」という冷めた集団の中で、被害者が孤立していくという構図ができたとき、いじめは「モンスター化」していきます。だから、クラスの構成者の意識を傍観者ではなく共感者＝当事者に変えることが必要です。そのとき、いじめは袋小路から出て解決に向かう流れの中に入っていきます。「意見集」はそのことを示していると思います。

こうして、クラスでいじめる側は少数者となり、いじめに同調する子どもも減ってきました。「だってアイツが……」とか「遊びだ」という言い訳も減りました。いじめをしている子どもも含め、だれもが「いじめはよくない」と言うようになってきました。しかし、それでもいじめは完全にはなくなりませんでした。私は、いじめをしている子どもは、その時点でその行為をいじめとは認識していないのではないかと考えています。「それはいじめだよ」と注意すると、ハッとして止めることがあるからです。だからいじめを受けている子どもが苦痛を表に出して表現し、最終的には周囲が「それっていじめだよ」と注意できるクラスの雰囲気をつくることが必要になります。いじめと向き合う教育実践は、起きたトラブルを元の状態に戻す「守り」の指導ではなく、トラブル解決の活動を子どもたちと共にすすめることを通して、思いやりと活力のある学級をめざす「攻め」の教育実践です。

7 いじめ解決を子どもの学びに

いじめや人権侵害は決して子ども社会特有の問題ではありません。おとな社会にも子ども以上に深刻な人権侵害があり、子どもたちはやがてそうした社会に飛び込むことになります。ですから未来への準備という点で言えば、子ども時代にそうした理不尽を改善するスキルを身につけることは、子どもたちの学びの権利です。不正常なことに違和感を感じ、されてイヤなことはイヤと言う。見ていて不快なことがあればそのことを相手に伝える。そして、不都合があれば当事者としてしっかりと意見表明し改善に向けてみんなと手をつないで行動を起こす……。いじめ解決のとりくみを、子どもに安心安全の場を保障する活動にとどめず、子どもがこうした自治の力を身につけていく学びの機会として位置づけ、教育実践の課題とすることがいまとても重要になっています。そのためには、まずいじめ解決の主人公として子どもを据えることです。子どもから訴えがあったとき、出席停止や説諭、警察への通報など、おとなサイドの判断や処理だけで解決していたのでは子どもは対人トラブル解決の主人公となる力を身につけることはできません。子どもをいじめ解決の主人公として尊重し、そのとりくみの中で学び成長することができるよう、学校や私たちおとなは見守り励まし助言をして、子どものとりくみを支える存在となることが必要です。

最初に紹介した、「二学期の四組は授業妨害やいじめなどが多く、クラスがまとまっていませんでした」という代表の言葉はそのあと次のように続きました。

……そんなときに先生は、このいじめに対する意見文をクラス全員に書かせ、それをまとめて「三八人の一歩」という文集をつくってくれました。クラス全員の意見を聞きまとめていくのはとても大変な作業だったと思います。二学期に入ってからもいじめや授業妨害は続きましたが、そのたびに先生は「三八人の一歩」をつくってくれました。先生と私たちはこの文集を通してお互いの気持ちを理解したり、どう変わっていきたいかを話し合うことができました。そして入学からの長い間悩み続けてきた状態から抜け出して、私たちは変わることができました。いまでは、教室では、男女区別なく語り合う姿が見られ笑顔と笑い声がいっぱいになっています。四組の多くの生徒はこのままの宮下学級で二年生に進級したいと言っています。どんなに辛いことがあっても、先生は諦めずに、私たちを信じて、「大丈夫！　四組は絶対に変わる！」と言ってくれました。

どんな子どもにも、認められたい、安心して学び生活したい、友だちといい関係でいたい、という根源的な要求があります。それこそがいじめを解決する原動力であり未来へ向かう希望です。その力を引き出し増幅させ形にする実践をつくり、広げていくことが学校現場に求められています。

コラム2

授業が学校・学級の雰囲気をつくる

井上正充（元筑波大学付属駒場中高等学校教諭）

「学校の荒れ（校内暴力や器物破壊）」や「いじめ・自殺」事件が問題になるとき、本人の生育過程や家庭の問題（いわゆる「授業以前」や「学習以前」といわれてきた問題）、学校の暴力的管理体質や管理職や教育委員会の隠蔽体質などがマスコミで取り上げられます。ところが、学校の「授業」「学級」「学校システムやカリキュラム」がどうであったのかについては、ほとんど論じられることがありません。

一九八〇年代「校内暴力・器物破壊」が全国の中学校を覆い尽くしたとき、私は東京・多摩地区の公立中学校の教員でした。当時は隣接する学校の生徒との出入りや学校間抗争が日常的にあり、警官に守られながらの卒業式や入学式がめずらしくありませんでした。高度経済成長から低成長時代への移行期にあって、さまざまな歪《ひず》みや奢《おご》りが生じていたのでしょう。あらためて振り返ってみても、大変な時代でした。

八〇年代後半には、大人の側の圧倒的な力によっていったん「荒れ」は鎮静化したように思いますが、その後「いじめ・自殺」や「不登校」が報じられるようになりました。「葬式ごっこ」の中野富士見中いじめ・自殺事件は一九八六年のできごとでした。

私は、学校教員の主たる仕事は「授業づくり」「学級づくり」であり、授業が学校・学級の雰囲気をつくると考えてきました。子どもたちの学校時間の大半が授業であり、学級活動だからです。

毎日の授業がつまらない。何のために勉強しているのかがわからない。「受験があるから、しかたなく」勉強している。クラスに本音で話ができる友だちもいないし、ホームルームの話し合いや活動も形式的で、みんな早く終わればいいと思っている。満たされない思いが募るばかり。「学び合い」や「学びの共同体」が叫ばれる中で、こんな気持ちで学校生活を送っている子どもたちのなんと多いことか……。

当時を振り返り、「授業づくりや学級づくりがこれまでのままでいいのかという反省や分析が十分にされてこなかったのではないか」「授業づくり」「学級づくり」と生徒一人ひとりの「アイデンティティー形成」との関連が追究され、授業や学級を組み直す作業が求められていたのではないかとの思いがよぎります。

教員生活の最後の七年間、佐賀大学の教員養成学部に籍を置き「数学教育」を担当しました。あらためて確認できたことがらですが、中学校ではいまだに「授業づくり」＝「受験指導」であり、「部活指導」が「生活指導（管理）」になっている学校が少なくありません。「部活動」が生徒たちの「自分つくり・アイデンティティ形成」の場になり得ることは認めつつも、教師が、「授業づくり」「学級づくり」で子どもたちと向き合い勝負する。ここに、時間やエネルギーを割けるようなしくみづくりが求められます。そのために、生徒が「なぜ」「どうして」と乗り出して、自然に話し合いが始まる、「何だ、そういうことか」「これとあれがこんなふうにつながっているんだ」と確認しあえる授業の教材準備に時間をかける。生徒一人ひとりの「アイデンティティ形成」をサポートする授業とは何かを探る共同研究体制づくりが不可欠です。

子どもの権利と「厳罰化」傾向の問題点

三坂彰彦　弁護士

1　弁護士会・弁護士の取り組み

弁護士会は、いじめ問題について相談窓口を設置し、電話・面接の相談活動を実施しています。また相談から引き続いて各弁護士が当事者の代理人となって学校などとの交渉等も行っています（代理人活動）。

子どものいじめが刑罰法規に触れると判断され、刑事事件として警察捜査の対象となり、さらに少年事件として家庭裁判所の審判の対象となった場合には、弁護士が、いじめ加害側の子どもの弁護人ないし付添人となるという活動も行います（いじめ加害側）。

さらに、子どもや保護者から弁護士会に、いじめにより人権を侵害されたとして、その救済の申立がなされた場合、弁護士会が第三者的立場で調査・調整を行い、場合により警告勧告等の意見を発出するという子どもの人権救済の活動にも取り組んでいます（おもに、いじめ被害側。ただし、最近はいじめをしたとの理由で学校から退学勧告を受けたが処分として過酷に過ぎ、学習権の侵害であるなどの事情で、いじめ加害側からの人権救済申立もみられるようになっています）。

このほか、弁護士が学校に出向き、子どもたちにいじめ問題についての授業を行う、いじめ出張授業も行っています。

こうした、いじめを含めた子どもの問題への弁護士会・弁護士の対応の基本スタンスは、被害を受けた子どもをもっぱら保護の客体とみたり、また問題行動を起こした子どもをもっぱら管理・取締の対象とみたりするのではなく、どの子どもたちも権利行使の主体として、その意向が聴取され、重視される価値のある人間として対応するというものです。こうした対応こそ、子どもが本来持っている問題解決力、前向きに生きる力の取り戻しを支援し（エンパワメント）、その最善の利益の実現をもたらします。このことは、いじめ被害を受けた子どもについて必要であるだけでなく、いじめを行った子どもがいじめを真に克服するうえでも重要です。子どもの権利条約では、子どもに、意見を聴かれ、その意見を正当に重視される権利（意見表明権）を保障する（一二条）ことで、子どもを権利行使の主体として認めています。これにより子どもの尊厳と参加の意識が確保され、子どもの最善の利益が図られるとしているのです（権利基盤型アプローチ）。

2 弁護士会のいじめ相談の現状

現在、東京弁護士会が実施する「子どもの人権一一〇番」の相談窓口には弁護士約一五〇名が登録し、電話相談を月曜～金曜午後一時三〇分～八時、土曜午後一時～四時、また、面接相談を水曜と土曜の午後に実施しています。

ここ数年をとってみると月に約一〇〇件の相談が寄せられ、相談者別では、子ども本人からの相談が約一五％、親や保護者からの相談が約七〇％です。相談内容別にみると、学校に関する相談が四〇％台、親子・虐待等に関する相談が三〇％弱を占めます。

いじめに関する相談は、学校に関する相談の約半分を占めており、月平均約二〇件弱、年間で二〇〇件がいじめの相談です。とくに二〇一二年の滋賀・大津のいじめ事件報道以降、いじめに関する相談が増加しています。

1 いじめに関する相談の内容

いじめに関する相談のうち、多く(おおむね七、八割)はいじめ被害側からの相談です(最近はいじめ加害をした〔とされた〕側からの相談が増えてきていますが、後述します)。弁護士会への相談という点も影響しているせいか、子ども本人からの相談よりも、保護者からの相談の占める割合のほうが高い状況です。

①いじめ被害での子ども本人からの相談

いじめ被害側からの相談のうち二〜三割が、子ども本人からの相談です。その年齢層や性別、いじめの内容、程度も軽い悩みと思われるものから、深刻に苦しんでいると思われるものまでさまざまです。典型的な相談をあげると、

【小学生の女の子から】

●学校でいじめられる。中心になっている三人くらいに目をつけられ、クラスで話をしていた子がだんだん引き離されてゆく。学校で一人ぼっちで淋しい。先生に相談したところ、いじめている子たちからひきょう者と言われて、ますますいじめがひどくなったという相談、

【中学生の男の子から】

●クラスの同級生男子十数名から、体のこと（ひげとか毛が生えていること等）でひやかされたり嫌がらせを受けたりする。体育の前の着替えの時間など皆からパンツを下ろせとか見せろとか言われ、実際にパンツを下げられて裸を見られて「でけー」「きもい」等とひやかされる、

などです。

②いじめ被害での子どもの保護者からの相談

一方、子どもの保護者からの相談でもっとも多いのは、いじめ被害に対する学校の対応に納得がいかないというものです。

納得がいかないとされる学校の対応として、具体的には、

●そもそもいじめ被害を訴えているのに学校側がいじめと認めてくれない（学校として聴き取り調査はしたが、いじめ加害側とされた子どもが事実を認めなかった等によりいじめを確認できなかったという場合を含む）、

●学校側もいじめがあることは認めているが、いじめ加害側の子どもや保護者への指導・対応が不十分でいじめが解決しない（学校側の不十分な対応の後、いじめ被害を学校側に告げ

たことを理由にいじめが前よりひどくなった場合を含む)、
といった内容が典型的です。

2 いじめ加害側からの相談と「厳罰化」傾向

最近、とくに二〇一二年夏以降、いじめの加害側とされた子ども・保護者からの相談が急増しています。

典型的な相談としては、

●私立中学の生徒についての相談で、本人はいじめの中心ではなく、中心人物たちからにらまれるのが怖くていじめの場に参加していただけであるにもかかわらず、学校側からはいじめ加害側の一人であるとして、自主退学の勧告を受けている、

●公立小学校の児童についての相談で、他の生徒とともに特定の生徒にいじめをしたということで学校に呼び出されたところ、学校では、被害者側の保護者から、子ども本人が記憶のないいじめ行為を「やっただろう」と詰問され、帰宅後、校長から電話があり、いじめ行為をすべて認めないうちは学校に来させるわけにはいかないと言われた、

●公立中学校の生徒についての相談で、いじめに加わったとして学校から事情聴取を受けたが、その後に、いじめ被害側の子どもの保護者が、学校とも相談のうえで、警察に被害

届けを出し、警察から子どもに対する呼び出しの連絡がきた、などです。

このように、実際にいじめに関与している場合もありますが、他方、いじめ行為にまったく関与していない、または、軽い関与しかしていない場合でも、学校から自宅謹慎を命じられたり、自主退学勧告を受けたり、警察に通告等がされ、警察から事情聴取を求められたりするなどの相談が増えています。

いじめでは、いじめられた子どもの側が保護されなければならないこと、いじめをした子どもに対し、適切な指導の必要があることは当然です。だからといって、いじめへの関与の有無・程度の調査がずさんであっていいとはいえません。また、いじめ関与が確認できたからといって、その子どもにいかなる対応も許されるということにはなりません。現状ではいじめへの過剰反応による弊害のケースも出てきているといえます。

こうしたいじめ加害側からの相談にあらわれている厳罰化傾向について、また、いじめ加害側の子どもへの対応について弁護士(会)がどのように関わろうとしているのでしょうか。この点は、3以下で紹介します。

3 いじめ被害事案の取り組み

①いじめ被害相談

子ども本人からの相談　すでに紹介したとおり、弁護士会にも子ども本人からの相談がありますが、子ども本人が弁護士会の窓口宛てに電話で相談してくる理由は、本人の周囲に安心して相談できる人がいないということにあります。教師や保護者に相談しても真剣に受けとめてもらえないのではないかと思っていたり、逆に本人の気持ちを超えて過剰に反応されることで事態が悪化するのではと心配していたり、「保護者を悲しませたくない」「せめて家族にはプライドを保っていたい」などのさまざまな思いで子どもたちは周囲の大人に相談をしない、できないということがあります。こうした子どもたちが、弁護士会の相談窓口を調べて電話をかけてくると思われます。

子ども本人が相談でもっとも求めているのは、自分が直面している現状をだれかに聴いてほしいということです。相談対応する弁護士には、法的なアドバイスというより、否定的評価をまじえないで聴くこと（受容的傾聴）が基本的に求められます。起きている出来事とその際の気持ちとを丁寧に聴きとり、「大変だったね」と共感しつつ、「いじめはするほうが悪く、あなたは悪くない」というメッセージを伝えます。このことは、いじめによって自尊感情に深い傷を受けているいじめ被害者が自己肯定感を取り戻すうえで重要です。さらに、クラスメイト、教師等の状況、子どもの置かれた具体的な状況と子どもの意向・希望を聴きとり、子どもの意向を基本としつつ、具体的な対応の方向性をいっしょに考えます。このことは、子どもが、これからどうしていきたいかについての自分自身の意向が大切にされていると実感するなかで自分自身とその問題解決力への自信を取り戻すことにつながります。このように子どもたちは話をしっかり受けとめて聴いてもらうことで気持ちが楽になるとともに、意思決定の主体として扱われることで自分への自信(自己肯定感)を取り戻すことができます(エンパワメント的アプローチ)。この意味で、いじめに関する子ども本人からの相談は、相談を適切に受けること自体が、すでに第一次的な人権救済活動としての面を持っています。

保護者からの相談　保護者からの相談は、子ども本人からの相談より多く、その対応は重要です。保護者からの相談の際のスタンスとしては、保護者の意向と子ども本人の意向が食い違っている場合が少なくないことに注意し、いじめの当事者は子ども本人である以上、保護者の意向というよりも、むしろ子ども本人の意向を大切にすること、傷ついた自己肯定感を子どもが取り戻していくことが重要であることを保護者に伝えます。

②被害側の子ども・保護者からの相談後の代理人活動

いじめ相談のなかには被害が深刻であるなど、助言だけでは解決の目処が立たず、相談を超えた関わりが必要な事案も少なくありません。この場合、弁護士が代理人となって活動することになり、ここからは弁護士会としてではなく各弁護士としての活動となります。

いじめ被害事案で弁護士が相談を超えて代理人として活動する場合も、子ども本人の意向の尊重や裁判でのいじめ解決の困難さといった諸々の理由から訴訟提起に至るケースは少なく、多くが学校や加害側の子ども・保護者との交渉になります。

学校交渉では、子どもが現に学校に登校できているかどうか、登校できていないとしても、在籍する学校への再登校を望んでいるのかどうかなどで、方針の決め方や方向性が変わってきます。いずれにせよ、子ども本人からの話をもとに置かれた状況を把握しつつ、本人の意向を基本としながら、再登校を目ざすのか、転校を目ざすのかなどの具体的方針を決めていくことになります。

3 いじめをした子どもへの「厳罰化」

弁護士会のいじめ相談における最近の特徴として、いじめを行ったとされた子どもおよび保護者の側からの相談が増えていることにふれました。こうした傾向の直接のきっかけは、二〇一二年の滋賀・大津のいじめ事件で学校・教育委員会の対応に問題があるとの報道がされたことにあるのではないでしょうか。他方で、二〇〇六年ころ以降、文部科学省や内閣設置の教育再生会議等において、いじめへの対応として、いじめ加害側の子どもに「毅然とした対応」をすべきであるとして、具体的には停学・退学や出席停止、警察連携等を躊躇しないようにとの通知や提言が行われてきました。これが大津の事件での報道を契機にさらに強調されるようになったと言えます。

いじめを行った子どもにどう対処すべきかについては、さまざまな意見が出されています。この点について、教育的な指導によっていじめを行った子どもが自分の行為に向き合い・反省することを支援するのではなく、懲戒・出席停止・警察連携等の方法により子どもを処罰し、学校から排除する方向での対応を、「厳罰化」ないし懲罰主義的対応と呼ぶことができます。こうしたいじめに対する「厳罰化」ないし懲罰主義的対応は、二〇〇六年ころから、文部科学省等においても強調されるようになっており、さらに二〇一二年夏の大津のいじめ事件報道以降、この傾向は政策提言のレベルでもまた、学校現場の実践レベルでも、強められています。

以下、「厳罰化」に関する動きについて簡単に整理します。

1 少年非行対策としての厳罰化の動き

まず、いじめ問題での厳罰化に先立つ動きとして、少年非行分野における厳罰化の進行を指摘しておきます。

少年非行分野での厳罰化とは、非行を行った少年の処遇について、保護処分のなかでも保護観察より少年院送致、保護処分よりも成人同様の刑罰等とより厳しい対応をすべきだという考え方です。こうした議論は以前から存在しましたが、顕著になったのは二〇〇〇年の少年法「改正」からです。この「改正」で、一定の重大事件の少年審判における検察官関与の創設に加え、少年について家庭裁判所での少年審判で処分を決めるのではなく、成人と同様の刑事裁判により刑罰を科すかどうかを判断する手続に送致する逆送を、それまでの一六歳以上から一四歳、一五歳の少年についても可能とする逆送可能年齢の引き下げや、一六歳以上の少年が一定の重大事件を起こした場合に原則として刑事裁判所に送致することとする原則逆送の制度が創設されました。

こうした「厳罰化」の背景には、一九九〇年代に起きたいくつかの少年の重大事件とこれについての過剰とも思えるマスコミ報道があります。そこでは子どもの犯罪についての少年法の対応の「甘さ」が指摘され、問題行動を起こす子どもを治安対策の対象として位置づける見方が強調されました。こうした見方が、二〇〇〇年代に入って、いじめへの対応の場面でも強調されるようになったといえます。

2 行政・政府のいじめ対応における厳罰化

少年非行分野における厳罰化とも関連しながら、いじめ問題においても二〇〇六年ころからいわゆる厳罰化の傾向がみられるようになります。

①文部科学省のいじめ対応

いじめが最初に社会問題化した一九八〇年代から、行政として、いじめの分析と対策を打ち出してきたのは、文部科学省でした。

文部科学省は、二〇〇六年のいじめ自殺事件報道のころから、いじめを行った子どもに対する「毅然とした指導」が必要であるとし、その中身として、懲戒・出席停止や、警察との連携などのいわゆる「厳罰化」を強く打ち出すようになりました。

この厳罰化の大きな画期は、二〇〇六年五月に、国立教育政策研究所生徒指導研究センターが出した報告書『「生徒指導体制の在り方についての調査研究」報告書』（以下、「生徒指導体制・報告書」）にあります。

この調査研究は、二〇〇五年九月に文部科学省が出した「新・児童生徒の問題行動対策重点プログラム（中間まとめ）」を受けて、国立教育政策研究所と文部科学省初等中等教育局児童生徒課によってすすめられたものです。

「生徒指導体制・報告書」は「近年の児童生徒による重大な問題行動を受けとめ」「子ども達を取り巻く社会環境が大きく変化する今日、問題行動への予防や解決と児童生徒の健全育成に当たっては、児童生徒一人ひとりの規範意識を高め」ることが極めて重要な課題になっているとして、「児童生徒の規範意識の醸成を目指して、生徒指導体制はどうあるべきかに焦点を当て」て研究したとしています。

とくに厳罰化との関わりでは、「生徒指導上の取組を通じて児童生徒の規範意識を醸成するためには、あらかじめ基準の明確化を図り、その周知を図るとともに、日常的な指導の中で、学校の教職員が一丸となって毅然とした粘り強い指導をしていくことが必要である」と指摘します。他方で、児童生徒が「自己の力だけで正しい行動を取ることができない場合があり、指導を通じても事態が改善されないことも生じ」るが、その場合には「あらかじめ定められた罰則に基づき、懲戒を与えることを通じて、学校の秩序の維持を図るとともに、子ども達自身の自己指導力を育成することは、教育上有意義なこと」とし、公立の義務教育諸学校以外の学校では懲戒として停学処分や退学処分が可能であること、公立の義務教育諸学校ではこれらに代わるものとして出席停止が可能であることを指摘しています。そして、この懲戒処分の運用のあり方について、小さな問題行動から曖昧にせずに毅然と対応することを意味する「段階的指導（プログレッシブディシプリン）」「ゼロ・トレランス方式」を参照すべきとして、その内容を紹介しています。

さらに、学校における生徒指導の限界とそれを補完するものとしての警察等の関係機関との連携も指摘しています。

このように同報告書では、その後の文部科学省や教育再生実行会議の通知・提言等に現れる「厳罰化」の中心的な内容となっている「ゼロ・トレランス方式」「段階的指導（プログレッシブディシプリン）」やこれらを通じての「規範意識の醸成」等が明らかにされています。

②内閣設置の教育再生実行会議

内閣が設置した教育再生実行会議は、二〇一三年二月二六日付けで「いじめ問題等への対応について（第一次提言）」を出しています。

提言は、「先の安倍内閣において改正された教育基本法の理念が十分に実現しておらず、国の未来を担う子どもたちの中で陰湿ないじめが相次」ぐなど、「教育の再生は我が国の最重要課題となって」いるとします。そのうえで、「いじめを早い段階で発見し、その芽を摘み取り、一人でも多くの子どもを救うことが、教育再生に向けて避けて通れない緊急課題となって」おり、「痛ましい事案を断じて繰り返すことなく、『いじめは絶対に許されない』、『いじめは卑怯な行為である』との意識を日本全体で共有し、子どもを『加害者にも、被害者にもしない』教育を実現する」べく提言をするとしています。

「いじめの問題が深刻な事態にある今こそ、制度の改革だけでなく、本質的な問題解決に向かって歩み出さなければ」ならないとしつつ、提言のまず第一に、これまでの道徳教育のあり方に問題があったとして、道徳教育の重要性の再確認と抜本的な充実が必要であると道徳の「教科」化が挙げられています。

厳罰化との関連では、いじめている子どもへの「説諭」、懲戒や出席停止を含めた「毅然とした指導」、「犯罪行為として取り扱われるべきと認められる」ものについての警察との連携等を定めています(提言4)。

この厳罰化に関する部分も、前述の二〇〇六年の「生徒指導体制・報告書」が指摘する厳罰化の内容を引き継いだものといえます。

③自民党のいじめ対策基本法案（骨子案）

自民党は、二〇一三年三月五日付けで「いじめ防止対策基本法案（仮称）骨子案（未定稿）」（以下、「いじめ防止法骨子案」）を発表しました。

そこでは、法律の目的として、「いじめの防止、いじめを受けた児童又は生徒に対する支援、いじめを行った児童、生徒等に対する指導等に関する国及び地方公共団体等の責務を明らかにする」こと、「いじめの防止等のための対策の基本となる事項を定める」ことを挙げます。ここでは、いじめを受けた児童または生徒（以下、児童または生徒を「児童等」という）には支援、いじめを行った児童等には指導等として扱いを峻別している点が特徴的です。

いじめに関する国や地方公共団体の責務として、いじめ防止に関する相談体制充実や諸機関の連携強化その他の諸体制の整備等、学校や学校教職員の責務として、「全ての教育活動を通じた道徳教育の充実」「いじめが行われているおそれがある」場合における適切ないじめ防止措置等、保護者の責務として子どもの規範意識を養う指導、子どもがいじめを受けた場合の保護等、を定めています。

厳罰化との関係では、いじめを行った児童等及び保護者への指導、教育上必要がある場合における懲戒、いじめを受けた生徒が安心して教育を受けられるようにする観点からの出席停止、いじめが「犯罪行為として取り扱われるべきものであると認める」場合における警察との連携、「児童等の生命、身体又は財産に重大な被害が生じるおそれがある」場合、「ただちに」警察に通報すること等を定めています。

以上で明らかなとおり、自民党の「いじめ防止法骨子案」においても、前述した二〇〇六年の「生徒指導体制・報告書」が指摘していた厳罰化の内容がほぼそのまま採用されています。

その後、二〇一三年六月二一日、いじめ防止対策推進法が成立し、六月二八日に公布されました（施行は公布から三か月経過後）。

同法は、いじめ防止の基本方針・基本施策として、国、地方、そして学校の各レベルにおけるいじめ防止基本方針の策定を求める（一一〜一三条）とともに、学校における、いじめ防止に資する道徳教育の充実（一五条）や児童に対する定期的な調査等のいじめの早期発見のための措置の実施（一六条）、国・地方自治体・学校でのいじめに関する相談体制の整備（一六条）、インターネット利用のいじめへの対策（一九条）等を定めています。

また、具体的ないじめ対応策として、学校におけるいじめ防止等の対策のための組織の設置を求め（二二条）、学校でいじめの兆候があった場合における事実の調査確認、いじめが確認された場合におけるいじめを受けた児童・保護者の支援といじめを行った児童への指導とその保護者への助言（二三条）等を定めます。さらに、いじめによる重大な被害が生じた疑いがある場合における、学校で組織を設けての調査（二八条）、学校設置者等への報告、学校設置者の設けた機関による学校の調査結果の調査（二九〜三一条）を規定しています。

同法が定めている第三者機関によるいじめ調査等の具体的制度については適切な運用がされることにより深刻ないじめ被害の防止が期待されるところです。しかし、同法が、いじめ予防のための道徳教育を強調しつつ、いじめ対策としては、いじめを受けた児童には「支援」、いじめを行った児童には「指導」としてその対応を峻別したうえで、いじめを行った児童への懲戒（二五条）・出席停止（二六条）・警察連携や通報（二三条）等の規定を置くことから明らかなように、同法は基本的にいじめの原因となっている現在の子どもたちの置かれたストレスフルな教育状況に迫ることなく、「道徳教育」によるいじめ予防と、「道徳教育」にも関わらずいじめを行った子どもたちへの「厳罰化」を制度化したと評価せざるをえません。

4 いじめ加害側の子どもへの対応

1 「厳罰化」の問題点

従来より、弁護士は少年非行の場面で弁護人・付添人としての活動を通じて、子どもたちの非行や問題行動にどう向き合い・どう対応すべきか、という問題に取り組んできました。

こうした関わりのなかで以下が明らかとなっています。すなわち、いじめを含め問題行動を起こしたり、「荒れ」たりする子どもは、家庭や学校や友人関係等の自身をとりまく関係において、その権利が十分に守られず、大切な存在と扱われないことにより傷つけられ・痛みを抱え、自分を否定的にしか見られなくなっており（力を奪われた＝ディスパワーされた状態にあり）、こうした状態が子どもたちの問題行動の原因になっています（つまり、子どもに権利を認め、「甘やかして」きたから問題行動が起きるのではなく、逆に権利が十分に守られていないから問題行動が起きています）。

違法な行為をした子どもに、そのような行動は法的に許されないと叱責したり、被害者は「君の行為によって深く傷ついている」と伝えようとしても自分自身が苦しい思いをしている子どもの心には届きません。同様にいじめをした子どもに対し「いじめは絶対に許されない」と説諭したり、「いじめられた子どもは深刻に傷ついている」ことを理解させようとしたりしても、自分自身の受けた傷で苦しんでいる子どもにそれをうけとめる心の余力はありません。さらには自分が受けた傷によって自らの感情を閉ざしてしまっている子どもの場合には他者の苦しみを感じることもできない状態にあります。

子どもの問題行動をこのように捉えるとき、子どもが問題行動から真に立ち直っていくためには、その原因となっている家庭生活や学校生活等における問題点（子どもの権利侵害の状況）の修復を図っていくことが必要です（環境調整）。それと同時に、子どもが傷を受けてきたことを受けとめ、子どもが自信と自己肯定感を取り戻す過程が必要です。すなわち、さまざまな問題行動を起こしたとしても、子どもを本来そうした問題行動を自ら克服する力のある存在として向き合い、子どもがそれまでに傷つけられてきた部分を受けとめることが重要です。このことによって、子どもは自分が大切にされるべき存在であるのに傷つけられてきたと実感することができ、本来子どもが持っていたはずの、自分に価値があるという実感（自己肯定感）を取り戻し（＝エンパワメント）、自分が他者に与えてしまった傷に主体的に向き合い・克服できるようになります（子どもの環境調整と子ども自身のエンパワメント・立ち直りは、必ずしも前者がなければ後者も実現されないという関係にあるわけではなく、その点はケースごとの子どもの置かれた具体的状況によります）。子どもの権利条約も「罪を問われ」た子どもについて、「尊厳および価値についての意識を促進するのにふさわしい方法で取扱われる権利」を認めています（四〇条一項）が、これは前述した意味において理解されるべきです。

これに対し、厳罰化や懲罰主義的対応は、子どもの問題行動や非行を、たんに違法行為・問題行動という側面のみから捉えて、これを罰や隔離による威嚇によって押さえ込もうとします。これにより表面上問題が収まったかにみえる場合がありますが、すでに傷を負っている子どもをさらに追い込み、実際には非行をいっそう深刻化させ、問題を真に解決することになりません。

このことは、学校教育の場におけるいじめという問題行動においても同様です。いじめという行為の外見・表面のみの問題性・違法性に着目して、いじめを行う子どもを懲罰主義的に取り締まろうとすることは、いじめを潜伏化させる危険性のほうが高く、いじめの真の解決にはつながりません。

また「厳罰化」論は、いじめを「人間として絶対に許されない」行為として、子どものコミュニティ内の日常的な人間関係上の行為から切り離してとらえるもので、こうして切り離した「いじめ」を「根絶」しようとします。しかし、そもそも「いじめ」も基本的には子どもたちのコミュニティにおける人間関係上の軋轢（コンフリクト）の延長上で日常的に起きてくる問題ととらえられるべきです。そうである以上、「いじめ」の「根絶」ということは非現実的であり、むしろ、起きてきた「いじめ」がエスカレートし深刻な被害に至らないよう対応するという視点を持つほうが現実的です。さらに、いじめの実態との関係でも、厳罰化が主な対応手段とする、停学・退学処分や出席停止、警察通報は、最近のいじめにおいて多数を占める、シカトや仲間外しなどの子ども集団が関わることの多いいじめの場合にはその効果を云々する以前に、その運用自体に困難を来す場合も少なくないことが指摘されています。国連の子どもの権利条約やリヤドガイドラインも、学校教育における懲戒が人間の尊厳に一致するものであることを求めるとともに、子どもの権利条約に根拠を置く国連子どもの権利委員会（ＣＲＣ）は、子どもの権利条約の補足文書の中で、「ゼロ・トレランス」について、「暴力に対してさらなる暴力で対応することにより子どもに被害を与える懲罰的アプローチであるため、きわめて破壊的な影響をもたらす」としたうえ、「公共の安全に関する国の政策においては、暴力に暴力で報復する悪循環から脱することができるようにするため、子どもの犯罪の根本的原因が慎重に考慮されなければならない」と指摘しています。

2 いじめを行ったとされる子どもへの弁護士・弁護士会の対応

いじめ加害側とされる子どもおよび保護者からの相談において相談対応や代理人活動が求められるのは、いじめを行ったことを理由とする事情聴取や懲戒、警察通報等において、子どもの権利が侵害され、またはその可能性があるという場合であり、すでに述べてきた厳罰化対応の現れというべき場合がほとんどです。

具体的な活動場面としては、いじめの調査段階での子どもの人権を確保するための活動、いじめに関する事実認定の誤りを正す活動、いじめ行為があるとしてもこれに対する行き過ぎた指導・処分を是正する活動等が主なものといえます。

まず、いじめについての学校での調査の段階で、事情聴取が長時間に渡ったり、供述の強要にあたる事情聴取が行われたりなど、子どもの人権への配慮を欠いている場合があります。このような場合で、保護者からの是正要求では事態が改善しない場合には弁護士が代理人として適正手続等の人権保障を念頭においた事情聴取を学校に申し入れる必要があります。また、学校によるいじめに関する調査で学校の事実認定に誤りがある場合には、認定の根拠の確認や反証の提出等によって再調査と認定の是正を求めることが必要となるでしょう。

また、いじめ関与の事実があるとしても、これに対する学校側の停学処分、退学処分、自主退学勧告（実際には「進路変更」、「転校」勧告と称してなされる）等が、事案との関係で過酷に過ぎ、裁量の範囲を逸脱していると思われる事案の相談があります。とくに学校が自主退学勧告をしてくるケースでは、一定期間内に自主退学に応じない場合退学処分となると告げられている場合が少なくありません。これにより当事者が「退学処分になるくらいなら自主退学のほうがましだ」と考えて自主退学してしまう場合があり、こうした段階で相談を受けた場合には、早急に子ども本人の意向を確認し子どもの意向に沿った方向で弁護士が代理人として学校交渉をすることで、行き過ぎた退学方針を変更させる可能性もあります。

さらに、被害者側や学校側からの被害届によりいじめを行ったとされる子どもについて警察の捜査が開始される例も増えており、弁護士がこうした子どもの弁護人・付添人として関わる場合もあります。この場合も、子どもがいじめに関与していない場合にはこれを明らかにする活動が、また、関与している場合には、子どもがいじめに向き合い、真に反省していじめ行為の克服をサポートする活動を行うことになります。

いずれにせよ、子ども本人に実際にいじめ行為への関与がある場合には、たんに処分の是正を求めるという観点だけではなく、いじめに関与するにいたった子ども本人が抱える家庭や学校生活上で受けた傷を受けとめることで、子ども本人にいじめ行為の動機と向きあってもらう過程を支援することが必要です。これとともに、いじめ被害側への被害回復をはかりつつ被害側の受けた心の傷についていじめた子どもが理解するのを支援することで、子ども本人が主体的にいじめ行為を克服していくのをサポートする活動が重要となります。

本章では、子どもの権利の視点からのいじめ問題への関わりを紹介するとともに、現在のいじめに対する厳罰化傾向について検討してきました。子どもの問題を解決するうえで、当事者である子ども自身を主体として尊重し、その意向を聴き・受けとめ・重視することが重要です。

このようなアプローチは、いじめ被害を受けた子どもがいじめによる深刻な自尊感情の傷から回復するうえでも必要です。のみならずいじめ加害をした子どもも、ほんとうの意味でのいじめ行為の克服のためには、自らがその行為に向きあう過程を必要としており、このためにはいじめをした子どもについて、支援・指導にあたるおとなが本人を主体として尊重し、その気持ちを聴き受けとめることが不可欠です。現在強調されている、いじめ対応における厳罰化は、いじめを行った子どもをたんに処罰の対象として扱うことで子ども自身がいじめに向きあうことを妨げ、いじめを克服することを困難にするものと言わざるをえません。

いじめの理論

社会学的視点からの原理的考察

長谷川　裕　琉球大学

本章の課題は、いじめという現象について原理的に考察することです。いじめは、人が他の人を攻撃する行動のうちの、ある独特な性質を帯びた一つのタイプです。いじめというと、子ども・若者たちの間のそれが社会問題化することが多いです。また、後述しますが、かれらの多くが通う学校という場には、いじめを発生させやすい条件が埋め込まれていることがしばしばあります。とはいえ、いじめを行うのは子ども・若者だけではないし、いじめが発生するのは学校だけではありません。いじめは、場合によってはいじめとして意識されず、したがってそう呼ばれることがないかたちで人間の集団・社会のそこここに見られる、攻撃行動のひとつのタイプなのです。

そうしたいじめという攻撃行動に特有の性質とはどのようなものか、本章はまずこのことを論じます（**1**）。次に、いじめの発生メカニズムについて論じます（**2**）。さらに、いじめの本質的性格がどのようなものなのかを論じます（3）。最後に、いじめ発生を抑制するための基本的な戦略として考えられることは何かを、ごく簡単に述べます（4）。

右に、子ども・若者たちの間の、とくに学校を舞台にしたいじめが注目されることが多いと述べました。そのようないじめに対してどう対応すべきかは、教育実践にとって、いうまでもなく重要な課題です。ただ、その対応は基本的に、いじめだけ取り出してなされるのではなく、時にいじめというトラブルをともないながら取り結ばれ展開していく子ども・若者の関係性のあり方総体を対象にして進められます。そのような教育実践を行っていくうえでは、本章のようにいじめにのみ焦点化し、それについて原理的に論じ、その結果提示される知見は、かならずしも必須のものではないのかもしれません。ただ、いわゆる基礎研究としての意味はもつでしょう。その限りではありますが、教育実践にも間接的に貢献するものでありうるはずです。

本章で行おうとしているいじめの基礎研究は、オリジナリティの高いものではかならずしもありません。これまでの日本のいじめ研究の蓄積は、他国のそれと比べても小さくなく[1]、そうした日本の研究の蓄積の中でいじめについての原理的な考察を行ったいくつかのものに依拠して、それらを前述のような順序で再構成して論述していきます。おおよそ社会学的と言っていいような視点からの議論になります。

1 いじめの性質と定義

まず、いじめという現象をそうとは呼べない現象から区別するのに必要十分な、この現象ならではの特有の性質はどのようなものであるかを論じます。筆者は、その性質は以下の六点でおさえることができると考えています。(2)

1 攻撃行動とその結果としての苦痛

すでに述べたように、いじめは攻撃行動の一種です。攻撃とは、ある心理学の辞典では、「他の個体に対して危害を加えようと意図された行動」と説明されています（『心理学辞典』有斐閣、一九九九年の「攻撃／攻撃心」の項目）。攻撃は、この説明にも示されているように対象を何らかの意味で傷つけようとするものであり、したがって望ましくないものだと見なされることが一般的であると思われます。もちろん、多少とも厳密に考えるならば、人間の攻撃行動を一概に望ましくないものと見ることはできませんが、ここではあまり深くは立ち入らず、右の辞典での説明のように、攻撃とは〝他者に対して何らかの危害を加えること〟と捉えておきたいと思います。

攻撃行動をそのように捉えるならば、それがなされた場合、受けた側には何らかの苦痛が発生することになります。いじめの場合その苦痛は、身体的なものであることももちろん少なくないですが、主には精神的な苦痛、つまり人格的に踏みにじられているという屈辱感、自分だけがこんな情けない状況におかれているという疎外感・孤立感、そうした状況を打破できない自分に対する無力感・自己嫌悪感などであると言っていいでしょう。いじめの苦痛がそうした特徴を帯びるのは、いじめが以下の2〜6のような性質をもった攻撃であることによります。

2 反復継続性

いじめは、例えばヤンキーがたまたま出会った気の弱そうな中学生から喝上げをするといった場合のように、行きずりの者に対するその場限りでの攻撃とは異なり、特定の標的に対して一定の継続性を帯びて反復的になされる攻撃である点を重要な性質の一つとしています（芹沢2012：130）。いじめとは、ある時ある場所でのある攻撃行動それ自体というよりも、反復継続的になされる一連の攻撃行動のプロセス全体ということになります。

3 同一集団の成員間でのできごと

いじめが右に例示した喝上げの場合と異なる点として、反復継続性に加えて、いじめる側もいじめられる側も何らかの同一集団に所属しているということも挙げられます。この場合の「集団」とは、例えば日本の二〇歳以上の女性全体といった統計集団ではなく、成員たちが実際に社会関係を取り結び、その結果として何らかのまとまりを帯びている、文字通りの集団です。その同一集団メンバー間のある種の相互行為として、いじめは行われるのです。

4 力関係のアンバランスを背景

いじめはまた、ケンカとも異なります。ケンカは、対等な関係にある者同士の攻撃の応酬であることがその基本的な性質です。いじめは、それと正反対に「力関係のアンバランス」(森田 2010 : 71-72)を背景にしてなされるというのが、その重要な性質の一つです。

この場合の「力」とは何でしょうか。ここではイギリスの社会学者A・ギデンズの「力(power)」に関する議論(ギデンズ 1986, 1989)を参考にして、力とは、最も広い意味では〝この世界の中のものごとの進行に介入しそれを変換することができる能力〟、その中でもとくに、〝互いに一定の社会関係を取り結んでいる他者を自分の欲求実現のために従わせることができる能力〟であると考えておきます。ある一定の社会関係を取り結んだ人びとが、各人が保持するそうした力を明示的にあるいは隠然と行使しつつ、つくり上げている、だれかのその力は大きいが別のだれかの力は小さいという不均衡な関係が、力関係のアンバランスというものです。そうした力関係のアンバランスを背景に、その力を1で述べたような苦痛をその標的に与えるようなかたちで行使すること（森田が力の「乱用」と呼ぶもの。森田、同上）、それがいじめです。

そうした力関係のアンバランスを背景にしているゆえに、いじめにおいては、同一集団内のだれかからだれかへ一方的に反復継続的に攻撃がなされることになります。

5 嗜虐性

いじめは、例えば金銭を巻き上げることを目的とした手段としての攻撃ではなく、あるいはその標的となる者に対する鍛錬を目的としたしごきや制裁を建前としたリンチのようなものでもなく、それ自体が自己目的となっている攻撃であるという点も、その重要な性質の一つです。その点を、社会学者の内藤朝雄は、「嗜虐性」という言葉を使って描いています。

嗜虐とは、「他人を苦しめることを味わおうとする」（内藤 2009：49）というものです。いじめは、嗜虐的なものであるゆえにしばしば、「ふざけやからかい、冗談」という名目をつけて、あるいはそうした形式をとって行われます（森田 2010：116）。

ただし、いじめはことがらの核心としてはそのように嗜虐的に行われるわけですが、いじめる側にとって、たんに標的にされた者をいたぶって楽しんでいるというだけではなく、自分たちにはそのような攻撃を行うだけの正当性があるという感覚がともなう場合が少なくありません。

つまり、いじめられる側が自分たちの明示的・暗示的な規範から逸脱している、だからこれはそれに対する制裁なのだという口実で行われることもしばしばあります（森田 2010：118）。

また、力関係のアンバランスを背景に、〝おまえが悪いからだ〟という口実のもとに反復継続的に攻撃されることを通じて、そうした「いじめる側の正当性の主張が、いじめられた側の認識の枠組みさえも組み替えてしまう」（森田 2010：100）という事態もしばしば発生します。つまり、いじめられる側自身が、自分がいじめられるのは自分に非があるからだと思い込んでしまう場合があるということです。

6 集合行動性

ある攻撃行動がこれまで述べてきた1～5の性質をともなえば、その行動をいじめと呼んで差し支えないと思います。ただし、いじめの中核像は、それら五点に加えて「集合行動性」という性質もともなうものであると言っていいでしょう。

いじめは、一対一の関係性の中で、その関係性を取り結ぶ者たちの間の力関係のアンバランスにもとづいてなされる場合もあります。ある職場のある上司がある部下に対して本来の業務遂行の必要性の範囲を逸脱して攻撃的な言動をとり苦痛を与えること、つまり「パワハラ」などは、この範疇のものだと言っていいでしょう。

しかし、いじめは多くの場合、一対一関係においてではなく、特定少数（たいていは一人）の標的に対して複数の者たちが集合的な衝動に駆られて攻撃を集中する、ある種の「集合行動」として行われます。つまり、集合的な「ノリ」「同調」（内藤 2009 : 35-41）にもとづいて攻撃が行われるのです。

パワハラでも、そういう性質をともなう場合もあります。つまり、ある上司のある部下に対する攻撃に同調して、同じ部下の立場であるはずの周囲の者たちまでもが標的になった者に対して攻撃的な態度をとるようになるといった場合です。ただし、パワハラの場合、「制度」的な力関係のアンバランスを基盤にしている点では、たとえ集合行動的な性質を帯びた場合でも、通常のいじめのそれとは異なっています。ここでいう制度とは、〃その時その場だけのものではない、慣習や法などによって裏づけられた安定度の高い行動様式や関係の体系〃というようなものです。

また、リンチもしばしば、特定少数の標的に対して多数の人間が攻撃する、衝動性を帯びた集合行動として行われますが、しかしその場合でも、集団の規範からの逸脱への制裁であるという建前を貫いて基本的に一回性のものとして行われる限りでは、やはりいじめとは異なります。

以上、1では、いじめという現象の性質について論じてきました。それらは、いじめという概念の定義を行おうとした場合、それを構成する諸要素であると見ることもできます。そうすると、いじめの定義は、「同一集団内のある成員が他の成員に対して、力関係のアンバランスにおいて優位にあることを背景にしながら、反復継続的に、嗜虐的に、またしばしば集合行動的に攻撃し、その結果主として精神的な苦痛を与える（ただし、身体的な苦痛がともなう場合も少なからずある）行動」ということになるでしょう。

2 いじめの発生メカニズム

次に、いじめはどのように発生するのか、その発生メカニズムについてです。

いじめの発生メカニズムは、多様なことがらが絡まり合った複雑なものです。ここで扱えるのは、その複雑なメカニズムの限られた側面にすぎません。一つには、いじめという攻撃行動に人を駆り立てる動機とはどのようなものかについて、もう一つには、いじめは人と人とのどのような関係のあり方のもとで発生しやすいのかについてです。

1 動機

いじめの動機については、先にも名前を挙げた内藤の論が説得的であると思います。その論によれば、いじめの動機は次のようなものです（内藤 2001 : 58-77, 93-96, 185, 201 ; 内藤 2007 : 146-165 ; 内藤 2009 : 67-68, 73-78）。

「『自分が何であるか』に関わらない『無条件的な自己肯定感覚』」、これは、程度の違いは小さくないにせよ、多くの人びとが多少とも感じることができる感覚でしょう。内藤によれば、「養育者との情動調律的なコミュニケーション」など、こうした感覚を強化する体験を積み重ねると、それによって形成された「体験構造」（社会・自己・他者を体験しそれにもとづいて行動する際の枠組）は、その後の多くの否定的体験の衝撃を和らげる役割を果たします。

しかし、無力な状態で痛めつけられ続ける、逃げることのできない拘束下におかれるなど、否定的体験の衝撃があまりに過度になると、右のような体験構造は崩れ、それに代わって、〝自分にはいまこれが欠けているのだ〟という明瞭な像を結べない、「何が問題でどうしたら充足できるかが把握できない」「いいようのない」感覚が浮上してきます。それは、当人にとっては「慢性的で漠然としたイラダチ・ムカツキ・空虚感」といった感覚として体験されるもので、内藤は「存在論的不全感」と呼んでいます（あるいは、具体的にこれと特定できる何かが欠けているということと区別して〈欠如〉とも表記しています)。

人はそうした存在論的不全感の心理状態にあると、その逆の状態であればきっとこんな感覚を抱くであろうという感覚を夢想し、その感覚を得るための行動に駆り立てられることになります。内藤は、その感覚を「全能感」と呼びます。全能感は、「錯覚であり、かたちがない」のですが、人は〃こうすればその感覚が得られるだろう〃という一定の筋書(「全能筋書」)を思い描きます。全能筋書にはさまざまなものがあり、状況に応じてそのいずれかが採用されそれに沿った行動が起こされることになります。つまり、体験構造が全能筋書にもとづくものに変化したのです。そうした全能筋書の一つに、「他者に主体性があることを前提にしつつその主体性を踏みにじる」「思いどおりにならないはずの他者を、だからこそ、思いどおりにする」というものがあります。いじめとは、このタイプの筋書を「具現」する行動のうちのひとつです。

内藤によるいじめの動機論は、以上のようなものです。妥当な考え方であると、筆者も思います。

一つ注意すべきは存在論的不全感の心理状態を反転させた全能感の希求は、たしかにいじめの動機となりますが、しかし一義的にいじめ行動の実行にのみつながるわけではなく、それ以外の行動へとつながる場合もあるという点です。内藤もそう言っており、ありうる行動として「暴走、セックス、スポーツ、アルコール、社会的地位の獲得、蓄財、散財、仕事、ケア、苦行、接触、買い物、自殺」を例示しています。つまり、いじめが発生するかどうかは、そこに関与する人間の心理状態のみによって決まるものではないということです。

そのような点に留意したうえで、いじめの動機が全能感希求であるということに関連して、いじめは次のような派生的な性質を帯びるようになるということがいえます。

● 全能感は、漠然とした存在論的不全感が反転したものであるがゆえ、それを希求しても真に充足されることはありません。したがっていじめ行動によってでは、存在論的不全感は解消されることがないということになります。にもかかわらず、いったんこの感覚に陥ってしまえば、人はしばしば、それを充たそうとする行動に嗜癖的に駆り立てられます。それが、同一の標的に対して、あるいは標的を換えて、いじめが反復されるゆえんです。

● いじめが1⑥で述べたように集合行動化したとき、かならずしも強い存在論的不全感を抱いていない者までもが、そこに巻き込まれていきます。そのように巻き込まれていじめに関与する者たちには、嗜虐欲求もさほど強くない者も含まれてきます。そういう者たちをも含めて、特定の標的を反復継続的に攻撃することを通じて、『みんな』のなかにいる自分を感じること」ができます。つまり、いじめは「集団身体への濃密な帰属願望、一体化願望を現実のものとすることを目的とした行為」という側面をともなっているのです（芹沢 2007：82）。

2 条件

次に考えるのは、いじめは人と人とのどのような関係のあり方のもとで発生しやすいのかについてです。

①人間関係とポジショニング

前述のように、存在論的不全感の心理状態にある者たちは、多様な全能筋書によって存在論的不全感を埋め合わせようとするのであり、したがって、かれらがまさにいじめへと駆り立てられるのは唯一必然の事態であるわけではありません。いじめへと駆り立てられるのは、全能感希求がいじめへと誘導されやすい回路が存在する場合です。その回路とは、かれらがその中におかれた人と人との関係のあり方であり、その関係がある一定の性質を帯びる時、それは人をいじめへと誘導することになるのです。

では、そのように人びとをいじめへと誘導する回路となる人と人との関係のあり方とは、どんなものなのでしょうか。

1②、③より、同一集団で継続的な関わりが存在すること自体も、この回路となりうるということになります。だから、そういう関わりを一切断ち切ってしまえば、いじめも発生しません。ただそれは、人が一定程度持続的な集団にまったく所属しなくなることを意味します。そうした集団への所属一切なしでは、人は生きていくことはできないでしょうし、またあらゆる持続的な集団にかならずいじめが発生するというものでもありません。したがってもう少し、関わりの質について考える必要があります。

1④では、力関係のアンバランスがいじめの背景にあることを述べました。そのことは、いじめの性質であるとともに、人びとをいじめへと誘導する回路であるとも言えます。ただし、成員間に力関係のアンバランスが一切ない集団というのも考えにくいし、力関係のアンバランスがあればかならずいじめが発生するというわけでもありません。例えば、指揮系統の明確な（すなわち力関係のアンバランスが明確な）機能集団で、成員の関心がその機能の首尾よき遂行に集中している場合、いじめのようなものは発生しないのではないでしょうか。

しかし現実には、成員の関心が集団の機能にのみ特化しているというのも、あまりありえないことです。機能の遂行とは相対的に独自に、成員の間のいわゆる「人間関係」――例えば仕事上の役割を果たしそのための能力をもつ者としていうよりも、その人なりの〝人柄〟をもつ者としての、互いの間の感情的な色合いをともなうつきあい――が、そしてその人間関係において自分自身をはじめ各人がどのような理由でどのようなポジションを占めることになるかということ（「ポジショニング」と呼ぶことにします）への関心が生じてくるものです。そうした人間関係とそこにおけるポジショニングこそが、いじめ発生の回路だと言っていいでしょう。

精神病理学者の中井久夫は、とくに子どもたちのいじめについて論じる中で、かれらが「政治的存在」でありかれらの世界が「権力社会」であることがいじめ発生の背景にあることを示唆しています（中井 1997 : 228, 231）が、そこで「政治」「権力」と呼ばれていることがらの内実は、右のポジショニング、その中で支配的なポジションにつこうとすることを指していると読み取ることができます。

②学級・学校における同世代関係

学級・学校における同世代関係は、右で見た意味での政治性を帯びやすい関係です。その点について、評論家の小浜逸郎の説明が基本的に妥当であると考えます。それは、おおよそ次のような説明です（小浜 1985 : 113-121, 133-134, 143-144, 146-147, 183-186 ; 小浜 1997 : 62）。

小浜は、学級・学校という集団は、その成員である生徒たちにとって、集団自体としての目的が意識されづらく（そこでの活動の主要形態は「授業」ですが、授業において生徒たちは、基本的に個々別々に教師と向き合うような関係の中におかれるので）、したがってその目的に向けた集団としての活動において何らかの「役割」を担う者として自己や他者を認識することがむずかしい集団であると言います。にもかかわらず学校には、生徒たちの行動を拘束する「枠づけ」だけは存在しています。そこでかれらは、その枠の中に囲い込まれながら、集団としての目的・活動・役割等の欠如を、もっぱら「一個の性格としての、または一個の身体としての」人間同士としての関係性（つまり「人間関係」）をとり結ぶことで埋めようとし、そこに「自分の位置（アイデンティティ）探求のエネルギーの最大量」を注ぐことになります。そして、そのエネルギーは「外枠だけは窮屈に固められている」がゆえに「奇妙に歪められた形」で発現することになり、それが時に、その人間関係そのものを『おもちゃ』にする」ような「祝祭」としてのいじめとなるのだ、と小浜は言います。

つまり、学級・学校の同世代関係は、それを拘束する制度的に規定された枠組みゆえに、そこに通う生徒としての子ども・若者にとって、「自分の位置（アイデンティティ）探求のエネルギー」を注ぎ込むべき関係性として、言い換えればポジショニングへの関心が前景化する政治的関係性としてあり、それが時にいじめとなって表れるという把握を、小浜の議論は示唆していると見ていいでしょう。(3)

③社会的背景

今日の子ども・若者は、その同世代同士の人間関係への関心、そこへの依存を強めているということが、しばしば指摘されています。その背景には、社会全体のある変化の趨勢があります。この点について、社会学者の土井隆義の議論（土井 2008；土井2009；土井2010）が参考になります。彼の議論をベースにおきながら、次のように考えてみました。

いま、〝このようにふるまえば、このように生きれば良い〟という自分の行動や生き方を決める「安定した価値の物差し」（土井 2009：15）が揺らぎ、各人は自己の拠り所となる基準を自分自身の内に求めざるをえなくなっています。そのような中では、自分がある基準を選んだとしても、選んだことそれ自体がそれ以外の「別の選択肢の潜在的可能性と魅力を浮き上がらせてしまう」（土井 2008：186）ことになります。そうした状況に常に直面するというのはきついことであり、それゆえ人びとは「存在論的な不安」（土井 2010：106）に陥る危険性を絶えず抱えることになります。

このような問題は、年長世代よりも、自分が依拠する基準がより不安定な若い世代にとっていっそう切実です。そこでかれらは、自分が身近な人たちからどう受けとめられるか、その評価・承認のまなざしに頼ろうとします。その身近な人たちとは、若い世代にとって揺らいだ価値の体現者のように映る年長の世代ではなく、何よりも同世代の人間たちです。しかし右のように広く共有された価値の物差しが揺らいだ中での他者の反応の予測はむずかしく、そのことでかえって、かれらはその時どきの周囲のまなざしを過剰に気にかけそれに翻弄されることになります。

このように、人びとの間で共有された確たる価値の揺らぎという近年の社会全体の変化の趨勢を背景として、とりわけ子ども・若者に、身近な人間関係への関心の強まり、その人間関係において承認されることの渇望を生んでいるというのが、土井の見立てるところです。このような人間関係への過剰な依存は、その関係の中でのポジションへのこだわりをも強めることになります。関係の中で自分が受け入れられていることを、関係の中での自分のポジションによって測ろうとするからです。

そのようにポジショニングをめぐる思惑を強める子ども・若者の今日の時代的な動向と、2 2 ②で述べた学級・学校という場の特徴とが相俟って、学級・学校におけるいじめの日常化という今日的事態が生み出されていると考えていいでしょう。

補足　いじめと「スクールカースト」

近年、子ども・若者の間で「スクールカースト」なるものが形成されていることが指摘されています。[4]スクールカーストとは、学級や学校における子ども・若者の人間関係の中でのポジションの上下関係のことで、かれら自身の間で「一軍・二軍・三軍」「A・B・C」などという言葉で表現されているものです。

スクールカーストにおいてだれがなぜどのポジションにつくのかは、はっきりとはつかみがたいところがあります。「なぜだかよくわからないけれど強い立場にいる児童生徒と、なぜだかわからないけれど弱い立場にいる児童生徒」（鈴木 2012：64）がいる、そのような関係性だというのが、スクールカーストを体験する者たちの実感でしょう。にもかかわらず、子ども・若者当人たちの間ではこのポジションの上下関係は、容易には変更できない固定的なものであると見なされています。その点が、この上下関係が「カースト」に喩えられるゆえんなのでしょう。

人間関係上のポジショニングは、２ 2 ②で見た小浜らの指摘に照らして考えれば、学級・学校における同世代関係に頻繁に見られる現象であると言っていいでしょう。それが、ある程度固定的な上下関係となって表れるというのも頻繁に見られることだと言っていいと思います。スクールカーストとは、そうした相対的に固定的な上下関係の固定度がより強く、子ども・若者にとってもその周囲の者たちにとってもその存在がより明瞭に表れたものだと考えていいのではないでしょうか。それが近年になって見られる事態であるとすれば、その理由は、２ 2 ③で述べたような背景から、子ども・若者の間で人間関係のもつ意味合いがかつてに比べて相対的に増大し、逆にそれ以外のことがらの意味が相対的に減少しているからであると考えられます。

そのように人間関係とそこにおけるポジショニングの意味の増大がスクールカーストを生んでいるとすれば、いじめもまた、同様のことをその発生回路としている以上、当事者によってそうと認識されていないもの（ふざけなどのニュアンスが相対的に強い、しばしば「いじり」と言い表されているもの）も含めて、かつて以上に頻発していると推測していいのではないでしょうか。

3 いじめの本質的性格

2 1で見たように、いじめは、存在論的不全感の心理状態にある個人が、それを反転させた感覚として夢想する全能感を得ることを希求し、その希求を、だれかを主体性を踏みにじられ、思いどおりにもてあそばれるポジションにつけ、自分たちをその〃上〃にいる「みんな」として差異化することを通じて果たそうとする動機から発生します。
2 2では、人間関係上のポジショニングへと関心を焦点化させやすい学級・学校の制度的枠組みは、全能感希求を右のように他者と自分（たち）との差異化へと方向づける回路となることを、そしてそのようなことがらの連関が近年より強まっていることを見ました。

ではなぜ、人はそのように差異化を追求するのか、その差異化追求がなぜいじめという形をとって表れるのか。3では、このことについて考えてみたいと思います。それによって、いじめの発生メカニズムが2よりももう一段掘り下げて説明されることになります。

その点を説明する議論として、「模倣欲望→相互暴力→供犠」という議論があります。以下では、その議論に依拠して、右の論点について考えていくことにします。

1 供犠としてのいじめ

それは、フランスの人類学者・哲学者であるR・ジラールが提起している議論(ジラール 1982)です。ここではそのジラールの論に依拠して、「供犠」現象としていじめを捉えてみたいと思います。供犠とは、いけにえを捧げる儀礼、あるいはそのいけにえのことを指す言葉です。(5)

①模倣欲望

まず、人間の欲望は本質的に、他者の欲望を模倣する(〝他者が欲しがりもっているモノだから自分もそれが欲しい〟というような)「模倣欲望」という性質を帯びています。

②分身

一時的ではない多少とも持続的な関係性を取り結ぶ者たちの間には、相互に相手の欲望を模倣し合うことによって、互いの間の差異を消失させ同質化し、互いにとっての「分身」同士となっていくという傾向性を見出すことができます。

学校は、そこにおける主要な活動である授業の結果としての生徒たちの学力に関して、その獲得をめぐる序列づけや競争によってかれらの間の差異を顕在化させる場です。しかし学校はしばしば、それ以外の点では差をつけずなるべく均等に扱う、学力に関してもその獲得・向上の可能性については皆同じだと見なす〝平等主義〟を建前としています。加えて、２**2**で見たように、集団全体としての目的を達成するための一定の活動をその人の役割として与えられるということがなく、また学級は同一年齢原理で編制されており、したがって能力などの発達の差異が一目瞭然ではないような者たち同士による集団となっています。さらに言えば、右のように学力獲得をめぐり序列づけること自体も、その対象を同一基準で規格化して扱うことになります。これらのことは、生徒たちの間の分身化をいっそう強める制度的背景になっています。

③相互暴力

こうした分身化の傾向には、各人の欲望の達成をめぐって互いに対立・葛藤し合う「相互暴力」がともなってきます。分身同士の関係におかれた者たちは、欲望の対象を獲得できることそのもの以上に、その欲望の対象へその者を媒介する他者との間に差異をつけその他者を上回ることを、重要で切実な関心事とするようになります。そのことをめぐるお互いの間の対立・葛藤、それが相互暴力というものです。

相互暴力は、他者との間の差異をもとに自分のアイデンティティを確認しようとする試みなのですが、そうした試みへの囚われは、自分のアイデンティティ確認を他者に対して依存しているという状態におかれていることを意味しています。しかも、そうした試みを互いにし合うことによって、分身同士の同一性がいっそう増大し互いの間の差異はより曖昧なものとなり、したがってその差異をもとに構築しようとするアイデンティティも、曖昧で不安定な状態におかれることになっていきます。そのような不安定さを抱えることで、人びとはなおいっそう微細な差異化による（つまり当事者の外から見ればあるかなきかの差異にこだわりそれをめぐって）アイデンティティ確認にはまり込んでいくことになります。

学級・学校における子ども・若者の場合、相互暴力は何よりも、2 1で見たポジショニングのための「役割演技や自己呈示」（野村 2012 : 372）のふるまいとして表れます。２ 2 で見たように学級・学校において子ども・若者が「性格と身体」だけを手がかりとして関わり合う（小浜 1985 : 184）とすれば、そのことはかれらが互いに分身であることの表れであり、それはかれらの間のポジショニングのための試みを、つまり相互暴力を呼び起こしやすいということです。

また２の**補足**で述べたように、学校・教室における子ども・若者はしばしば、かれら当人たちには固定的な上下関係として映る「スクールカースト」の秩序の中にいますが、そのスクールカーストは実際には、その背後に微細な差異を追求する相互暴力が渦巻いており、したがって本質的に安定的なものではありません。またその秩序の中での自身のポジションと密接に結びついて獲得・維持されるその人のアイデンティティも、安定し確実なものではありません。

④供犠

相互暴力が渦巻く状態が過熱化し危機段階に達すると、人びとは、「全員一致」で、ある唯一の「スケープゴート」に向かってその暴力を集中させる「集合暴力」を共同で行使します。これが「供犠」というものであり、いじめもこの供犠の一種であるというのが、ここで主張したい点です。その点について、説明を補足します。

③で述べたアイデンティティ確認のためのポジショニングの試みとしての相互暴力は、他者

を貶め、そのことによって自己のポジションを相対的に押し上げようとすることも含まれます。こうしたことをお互いが行えば、そのお互いの間の関係に、また関係が寄せ集まってでき上がっている集団に、緊張が充満することになります。そこで、その緊張を解消すべく（そのように意図してというわけではかならずしもありません。むしろ、「ノリ」「同調」にもとづく集合行動として）、集団の複数の成員が、同じ集団のある一人の成員に攻撃を集中しそのポジションを貶める、そのことで自分たちのポジションがその一人に比べて上にあることを、また自分たちが集中攻撃の標的となった一人ではない「みんな」の側に属していることを感じ、互いの間の緊張の水準を下げる、これが供犠であり、いじめです。

2 いじめの本質的性格

筆者は、以上のように供犠なるものであることを、いじめの「本質的性格」として見ることができるのではないかと考えています。ここでいういじめの本質的性格とは、いじめの性質ではありますが、1で見たような観察したり体験したりして得られるデータに近いレベルのそれではなく、そのレベルの性質（1 1～6など）がそこから派生してくる基盤にあって、理論的な分析の結果として初めて浮かび上がってくるような、より根底的なレベルの性質というような意味合いの言葉です。

ただし、供犠というのは、いじめよりもむしろカテゴリー的に上位の攻撃行動の一類型です。いじめの本質的性格というと、いじめにのみ特有で、いじめをいじめたらしめる性質というニュアンスがあるかもしれません。だが実際には、いじめをいじめたらしめているのは、第一義的には、それがいじめに限定されない攻撃行動の一類型としての供犠であることです。供犠であることをその本質としつつ、それ独自の特徴も付け加わることで、いじめはいじめという固有の現象として成り立っている、筆者はこのように考えます。

では、供犠一般ではない、いじめ独自の特徴とは何でしょうか？　話が少しややこしくなりますが、筆者は、その特徴とは何よりも、供犠ではあるが、しかし典型的な供犠としての性質を欠いているという点にあると考えています。

ジラールは、3 1で①～④としてまとめたプロセスに続けて、⑤供犠によって、集団は相互暴力が充満した危機状態を脱し、そこには人びとが遵守すべき一定の「禁忌・規則・責務」がつくり出され、それに基づいて人びとの間に差異が生まれ、その差異によって秩序が再構築されるというステージを加え、①～⑤が循環するプロセス（つまり、やがて再び、人びとはその模倣欲望と相互暴力によって、⑤の秩序を揺るがす行動へと駆り立てられていくのです）を描いています。この循環プロセスに組み込まれているような供犠が、典型的な供犠であると言っていいでしょう。しかし、いじめ――とりわけ今日の子ども・若者の間のいじめ――はたいていの場合、⑤の秩序を十全には形成できない、その意味で「擬似」的な供犠とでもいうべきものです。そのような擬似的供犠が、今日日常化し繰り返されているわけです。

⑤のようなステージをともなう供犠が典型的に見られたのは、前近代の共同体などにおいてです。それは、成員たちがその共同体にある程度強い帰属意識をもちお互いの間の共同関係を重視している（むろん、ジラールなどの論によれば、その場合でも成員間の模倣欲望・相互暴力が蠢いているわけですが）ことが前提で、そのような帰属意識・共同意識をもった者たちが、相互暴力の広まりによって共同体が危機に晒されゆく過程のある時点で、供犠によってその危機を回避し、秩序を再構成するというものです。

しかし近代社会では、そのような供犠をともなうかたちでの相互暴力の暴発の抑制装置は、全体としてその働きを弱めます。それに代わって、絶えざる競争という形で模倣欲望のエネルギーが組織化されるようになります。その競争とは、競争する者同士が顔と顔を向き合わせてかれらにとって意味のある特種な対象をめぐって競い合うのではなく、多くの人びとが承認する共通の尺度をもとに非対面的に競い合う競争、「交換価値の尺度で計量される、垂直に立てられたただ一つの梯子の上で、より高い位置を求める競争」、そうした「抽象的な競争」です。供犠による相互暴力抑制装置が弛緩すると、互いに模倣し合う分身たちの競合はますます激化し、そのことは先にも触れたように、獲得を競い合う何らかの対象そのもの以上に、相互の間の差異化に関心が集中していくことにつながっていきます。近代社会ではそれは、欲望の対象の内容は問わずに、互いのポジションを表示する抽象的な序列階梯とそのポジションをめぐる抽象的な競争をもたらすことになります。そのことが、模倣欲望のエネルギーが激しい相互暴力として噴出することを防ぐことになるわけです。しかし、そのような競争関係が一般化していくにつれて、人びとは個別化され相互の間の距離は押し広げられていき、もはや典型的なかたちでの供犠が不可能になってしまうのです。(6)

今日の子ども・若者もまた、そうした近代社会を生きています。かれらにとって、学級・学校集団は、前近代の人びとにとっての共同体のような強い帰属意識・共同意識の対象ではありません。それゆえ、学級・学校集団を舞台とした供犠としてのいじめによって右の⑤のような秩序の再構成は、十分にはなされません。

だが、かれらにおいても、模倣欲望は依然見られます。3 1 ②で述べたように、学級・学校はむしろ、生徒たちの分身化を、したがってお互いの間の模倣欲望を強める制度環境です。かれらの強化された模倣欲望のエネルギーは、抽象的な競争の回路に完全に吸収されてしまうのではなく、擬似供犠的な集合行動としてのいじめにもその多くが注ぎ込まれています。かれらは、抽象的な序列競争の最たるものである学校の競争を日々体験しているのですが、しばしば指摘されているように、そうした競争に対してかつての子ども・若者ほど強くコミットしなくなり、むしろ自分たちの間の「人間関係」のほうをより重大な関心事としています。したがって、かれらの模倣欲望のエネルギーも、人間関係という回路により大きく流れ込んでいくわけです。

4 いじめへの対処戦略

3で述べたように供犠であること（たとえ擬似的なそれであっても）がいじめの本質的性格だとすれば、その背景には人間の欲望の模倣的性質という消去しがたいものがあるので、いじめを完全に消滅させることはかなりむずかしいということになります。

ただ、完全消滅は無理にしても、発生頻度や攻撃や被害の程度を抑制することは可能でしょう。現に、例えば学校・教室でのいじめを考えた場合、教員の対処力量をはじめ諸々の要因が重なって、少なくとも重大ないじめはほとんど発生していない学級・学校というのも、少なからず存在しています。では、そうしたいじめの抑制は、どのようにして可能となるのでしょうか。学級・学校の場でのいじめを特に念頭において考えてみます。

本章のここまでの議論の延長上で考えるならば、いじめを抑制するためには、とくに2で論じたようなその発生メカニズムに働きかけることが効果的だということになります。とすると、次のⅰ、ⅱの戦略を練るのがよいということになるでしょう。

ⅰ 2 1 でいじめの動機をなしているとした存在論的不全感のレベルを下げる

ⅱ 2 2 ①で述べた意味での政治性（ポジショニングへの関心が渦巻くこと）が幅をきかせないような関係性を、子ども・若者同士の間につくり上げる

ⅰは、当事者たちの自己肯定感を高めて存在論的不全感の発生源を絶っていく戦略です。2 1 でも触れたように、いじめが集合行動化する場合、そこへの参加者のすべてが強い存在論的不全感を抱えているわけではありません。ただ、その主導者には強い存在論的不全感が見られる場合が多いことが推測できるので、そのレベルを下げていこうという戦略です。

ⅱは、一定の継続性のある関係性を保ちつつ、その関係性の質を変えていこうというものです。人と人との社会関係において、その「人間関係」的側面の重要度が増すというのは、各人が、遂行する機能・役割やそのための能力に還元されない、その人としての固有性を有した存在であることへの関心が強まることでもあります。その関心が、ポジショニングをベースにするのではなく、各人のかけがえのなさをベースにした関係性の構築につながるように、関連することがら

の連結の仕方をいかに転換できるかが、問題の焦点でしょう。ⅰの存在論的不全感のレベルを下げるというのも、同様の焦点に集約されていくものであると思います。

【注】

1 森田（2010）は、「欧米諸国が〔いじめ問題への〕取り組みを始める90年代初頭に至るまでの期間、日本では膨大な量の研究や対策が、著作や論文、行政機関による報告書として蓄積されていた」と述べています（四一ページ）。

2 以下1の本文中で示されている文献以外に、加野（2011）、菅野（1986）、竹川（1993）、内藤（2009）、野田（1996）などを参考にしました。

3 学級・学校における同世代関係の、その制度的に規定された特質といじめとの関係に注目する議論は、もちろん小浜以外にもあります。例えば、内藤（2009）は、学校は「狭い生活空間に人々を強制収容したうえで、さまざまな「かかわりあい」を強制する」（一六五ページ）という制度設計になっており、そうした環境がいじめを生みやすいことを指摘しています。また久冨（2008）は、学級は内藤が指摘するのとおおよそ同様の理由からその「閉塞性・抑圧性」ゆえにいじめの温床となりやすいことを認めつつ、なおかつそれを緩和する「解放・開放性」がどのような条件の下ありえるかを考察し、また「同一年齢原理」で編制される学級におけるいじめ発生の特徴について論じています。

4 鈴木翔（2012）にて、詳細な調査研究の報告がされています。本章のスクールカーストについての論述は、それも参考にしています。

5 ジラールに依拠して供犠としていじめを捉えるのは、本稿のオリジナルな着想ではないです。例えば民俗学者の赤坂憲雄（赤坂 1986）や社会学者の亀山佳明（亀山 1988）などがつとに提案しているし、最近でも教育社会学者の加野芳正（加野 2011）がいじめの発生を考えるうえでの重要な議論としてジラールの論を取り上げています。筆者自身もずいぶん前から、供犠をいじめの本質と見るのが妥当ではないかと考えています（長谷川 1999など）。

6 以上の近代社会における模倣欲望・相互暴力については、デュムシェルら（1990）を参照しました。

【参考文献】

赤坂憲雄（1986）『排除の現象学』洋泉社
加野芳正（2011）『なぜ、人は平気で「いじめ」をするのか？　透明な暴力と向き合うために』日本図書センター
亀山佳明（1988）「学校と暴力」『ソシオロジ』第三三巻第一号
ギデンズ、A（1986）『社会理論の現代像』みすず書房（原書一九七七年）
ギデンズ、A（1989）『社会理論の最前線』ハーベスト社（原書一九七九年）
久冨善之（2008）「「学級」という集団構造と「いじめ」問題――〈同一年齢原理〉再考」『〈教育と社会〉研究』第18号
小浜逸郎（1985）『学校の現象学のために』大和書房
小浜逸郎（1997）『子どもは親が教育しろ！』草思社
ジラール、R（1982）『暴力と聖なるもの』法政大学出版局（原書一九七二年）
菅野盾樹（1986）『いじめ＝〈学級〉の人間学』新曜社
鈴木翔（2012）『教室内カースト』光文社新書
芹沢俊介（2007）『「いじめ」が終わるとき　根本的解決への提言』彩流社
芹沢俊介（2012）「いじめの定義の大切さについて」『imago』第四〇巻第一六号
竹川郁雄（1993）『いじめと不登校の社会学――集団状況と同一化意識』法律文化社
デュムシェル、P／デュピュイ、J・P（1990）『物の地獄――ルネ・ジラールと経済の論理』法政大学出版局（原書一九七九年）
土井隆義（2008）『友だち地獄――「空気を読む」世代のサバイバル』ちくま新書
土井隆義（2009）『キャラ化する／される子どもたち　排除型社会における新たな人間像』岩波ブックレット
土井隆義（2010）『人間失格？「罪」を犯した少年と社会をつなぐ』日本図書センター
内藤朝雄（2001）『いじめの社会理論　その生態学的秩序の生成と解体』柏書房
内藤朝雄（2007）『〈いじめ学〉の時代』柏書房
内藤朝雄（2009）『いじめの構造　なぜ人が怪物になるのか』講談社現代新書
中井久夫（1997）「いじめの政治学」栗原彬編『講座差別の社会学4　共生の彼方へ』弘文堂
野田陽子（1996）「学校社会におけるいじめの集団論的考察――集団内的関係性の組み替え行為としてのいじめ」『犯罪社会学研

究』第二一号
野村洋平（2012）「供犠としてのいじめの諸相――ルネ・ジラールの理論を中心に子どものいじめ自殺を見る」『日本教育社会学会第六四回大会発表要旨集録』
長谷川裕（1999）「『いじめ』理論が明らかにしたもの――『いじめ』の本質的性格をめぐって」教育科学研究会編『いじめ自殺――六つの事件と子ども・学校のいま』（教育別冊10）国土社
森田洋司（2010）『いじめとは何か――教室の問題、社会の問題』中公新書

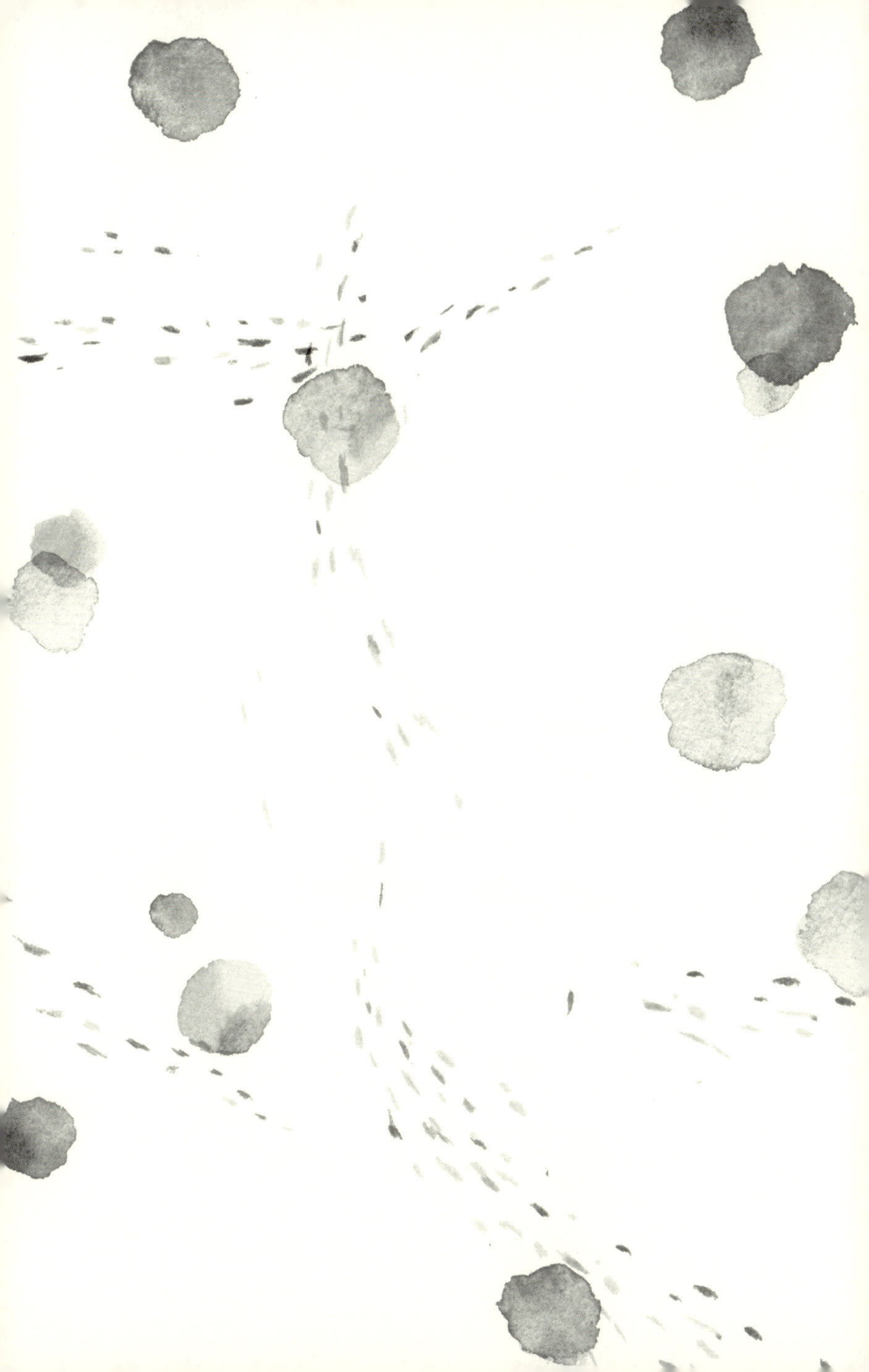

学校・学級に〈いじめ風土〉を超える新しい風を

久冨善之　一橋大学名誉教授

本章の課題は、⑴「いじめ」に関する統計から何が読み取れるかをまず検討し、そこに見られる一連の傾向とともに、一種の「モラル・パニック」状況の存在を確認すること、⑵今次のモラル・パニックを奇貨として学校教育への強圧を狙う政策動向に対して、何をこそ「いじめ問題」克服方向として対置できるのかを追求すること、この二点です。

「いじめ」と呼ばれイメージされる、人間の人間に対する特有の攻撃性発動は、人間集団がある限り、まったくなくなるということはないと思います。しかし、それがこれほど子ども世界にはびこり日常化した状態は明らかに異常であり、それは何とか解決しなければならないと考えます。

1 「いじめ」統計から見えるもの、見えないもの

1 文部（科学）省の「いじめ」統計が映すもの

旧文部省から今日の文部科学省まで、「児童・生徒の問題行動に関する調査」の結果として、「いじめ」の小・中・高校における発生件数を、毎年度、全国統計として発表してきました。**図1**は二七年間のその数値を、小・中・高校別と合計で示したものです。この図から、いくつかのことがわかります。

①三度の波

件数は一九八五年、一九九四〜九五年、二〇〇六年と三回ほど高い数字になった後に漸減する傾向にあります。件数の高い年は、ちょうど一九八五年の中野区・鹿川君事件、一九九四年の西尾市・大河内君事件、二〇〇五〜〇六年の滝川市・福岡県筑前町のいじめ自殺の問題化、という「いじめ自殺」が社会を揺るがすような事件の発生と時期が重なっています。これはつまり「い

図1　文部（科学）省発表のいじめ発生（認知）件数
（1985 ～ 2011 年度）

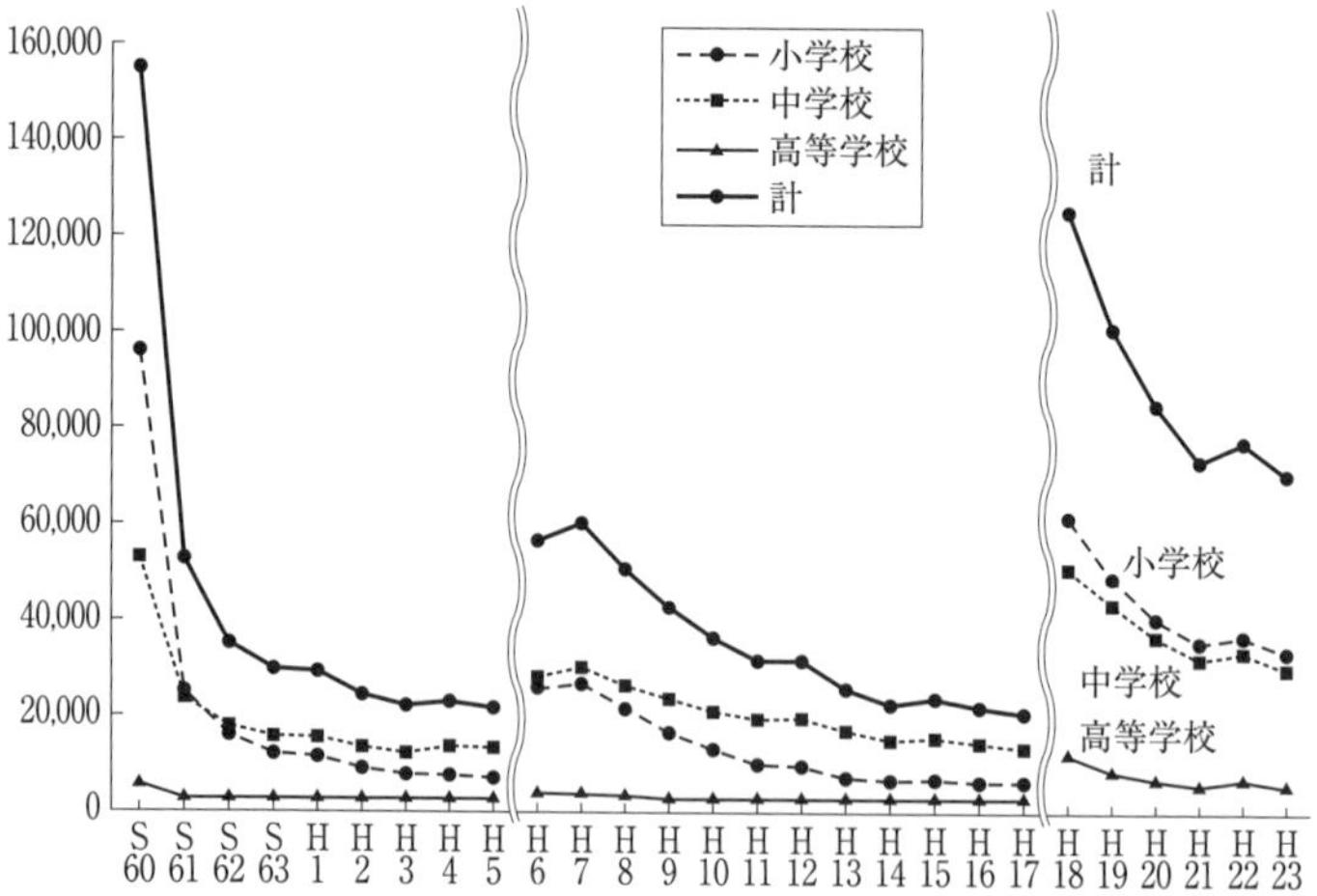

じめ」問題への社会的関心が高まると、いじめ件数が増えることを意味します。

②「いじめ」把握への熱心さが件数を左右

ただし、この件数は「発生件数」と呼ばれた二〇〇五年度までで も、「認知件数」と呼ばれる二〇〇六年度以降も、数字としては信頼できません。学校から各教育委員会に報告し、それを全国で集めた件数です。学校や教育委員会がいじめを把握する努力をしないと、著しく過少に出ます。二〇一一年度の数値を**表2**で見ると、小学校で認知学校比率三一・八％とは、一年間に「いじめゼロ」の学校が六八・二％とおよそ考えられません。同じく小学校で一年間に一校平均一・五件というのもあり得ない数字です。

表2　いじめの認知学校数・件数（2011年度）

1. 認知学校数　（校、%）

区分	計	小学校	中学校	高校	特別支援学校
国立	62	22	34	3	3
公立	14,033	6,846	5,386	1,664	137
私立	799	43	290	466	0
計	14,894	6,911	5,710	2,133	140
比率	(38.0)	(31.8)	(52.9)	(38.0)	(13.3)

2. 認知件数　（件）

区分	計	小学校	中学校	高校	特別支援学校
国立	383	297	75	6	5
公立	67,322	32,705	29,636	4,648	333
私立	2,526	122	1,038	1,366	0
計	70,231	33,124	30,749	6,020	338
1校当たり	1.8	1.5	2.8	1.1	0.3

（注）比率は各学校数に対する割合。

都道府県ごとの数値を載せるスペースがありませんが、件数が急増した二〇〇六年度では、一〇〇〇人当りの件数が、最高の熊本県は五〇・三件で、最低の鳥取県は二・一件と二〇倍以上の違いです。熊本県教育長は「これが実態。実態を反映した数字のほうが、教員が現実を直視できる」と語り、逆に知事が教育問題改善を公約に掲げて当選した鳥取の県教委は「取り組んだ効果が出た」と語ります。つまりその県の教育行政が「いじめ」把握にどれだけ熱心かが反映する数字になっています。[1] そう考えると、重大いじめ自殺事件後の件数が急増し、その後漸減するという傾向も理解できます。直近の二〇一一年度も、一〇〇〇人当り熊本県が最高の三二・九件、最低の佐賀県が〇・六件です。

③三つの波と「いじめ」定義変更とが連動

先の**図1**でグラフに二重の波線が二ヵ所あります。それ

表 3　いじめに関する文部（科学）省の定義と調査の変遷（3期区分）

年度	1985～1993 年度	1994～2005 年度	2006～現在
対象校	公立小・中・高校	公立小・中・高校・障害児諸学校	左（+）国立・私立
「いじめ」の定義	自分より弱い者に対して一方的に、身体的・心理的攻撃を継続的に加え、相手が深刻な苦痛を感じているものであって、学校としてその事実を確認しているもの。なお、起こった場所は学校の内外を問わない。	自分より弱い者に対して一方的に、身体的・心理的攻撃を継続的に加え、相手が深刻な苦痛を感じているもの。なお、起こった場所は学校の内外を問わない。	当該児童生徒が、一定の人間関係にある者から、身体的・心理的攻撃を受けたことにより、精神的な苦痛を感じているもの。なお、起こった場所は学校の内外を問わない。

はここで「いじめ」の定義と調査法が変わったことを示しています。**表3**は、文部（科学）省調査の方法と「いじめ」定義の変遷を示しています。一九九三年度までの「学校が事実を確認」を「発生件数」とする傲慢と論理矛盾は一九九四年に削除されました。ただ二〇〇五年度までは「自分より弱い者」「一方的」「継続的に」という重要な要素（前章の長谷川論文が「いじめ」定義に必要ないじめ攻撃の性格とする要素）が明示されていました。それは二〇〇六年度からの定義では表で明らかなように「一定の人間関係にある者から」などと抽象化され、むしろ「いじめ」の意味が見えなくなっています。定義変更に関わった研究者によれば、以前の定義では「被害者に何か『強い』性格があるといじめではない」「少しでも被害者に抵抗があると『一方的』でない」「一回だけの学校側の確認なので『継続的』ではない」と

いった理由からの認定への消極性が見られるので、それら文言を定義から削除したと言われています。しかし、それでせっかく明示されていたいじめという攻撃の性格が見えない定義になったのは残念です。いまの定義にはそれを補う五つの「注」がついていますが、欠落を補えていません。むしろ、二〇〇五年度までの定義に「注」を付け、「一見強く見えても、集団関係の全体の中で〈力〉の強弱を判断して認定するように」「被害者側の抵抗があっても、力の強弱が明らかであれば〈一方的〉と判断すべき」「学校・教師の目撃・認知が一回限りでも、元来見えづらいのだから、一回の認知の背後に何十倍もの実態があり得るという立場で判断すべき」というように、いじめという攻撃の性格の実際的な展開に即した理解を、社会的にも学校関係者の間でも相互に磨き合うような「いじめ定義」とその「注」にするほうがいいと考えます。[2]

④実際はその何十倍もの件数と「いじめの日常化」状態

二〇〇六年の件数急増とその後の漸減傾向については、国立教育政策研究所の「いじめ」追跡調査による検証があります。**図2**はその一部、小四から中三の六学年の「仲間はずれ」等の被害経験を二〇〇四年から二〇〇九年の六年間追跡した結果です。「週一回以上」の継続的「いじめられ体験」は男女ともに、どの年も一五%～二〇%程度になっていてあまり変化はなく、先の**図1**の件数増減が実態とかけ離れていることを、変化動向としても確認しています。六学年の全

図２「いじめ」追跡調査

（国立教育政策研究所）

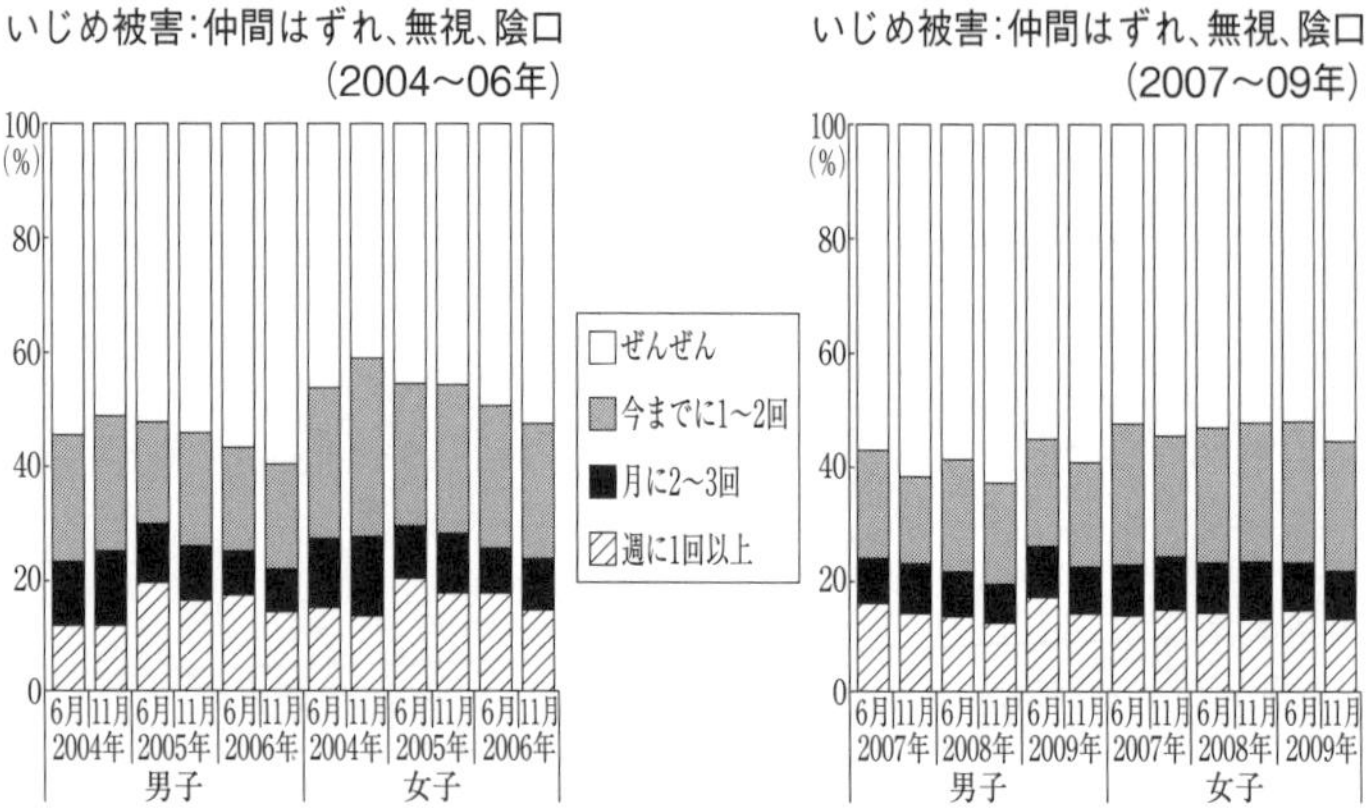

（注）調査対象は、日本全体の状況を推測する際の根拠となる地点（大都市近郊で住宅・商業・農地等を抱える都市）の市内全ての小学校（13校）と中学校（6校）に通う小学4〜中学3年生の全児童生徒（約4,800人）。調査時期は、2004〜2009年の各年6月、11月。学級単位で記名式で調査。

国で七〇〇万人くらいいる児童生徒の一五％＝一〇〇万人程度に「仲間はずれ・無視・陰口」というコミュニケーション系「いじめられ体験」だけでその年にあるとすれば、文科省調査の件数把握が、実態の数十分の一にも満たないことは明らかです。

⑤中学一・二年生ピークとその後の「いじめ卒業」傾向

しかし、この調査を通じた件数把握が、何も明らかにしていないわけではありません。都道府県ごと把握への熱意の強弱があって件数はかなり少なく出ているわけですが、たとえば学年別のデータは、どの学年でも同じ過少化傾向があると仮定し、**図３**で小学一年から高校三年を見ると「小学校の中

図３　いじめ認知件数（学年別）

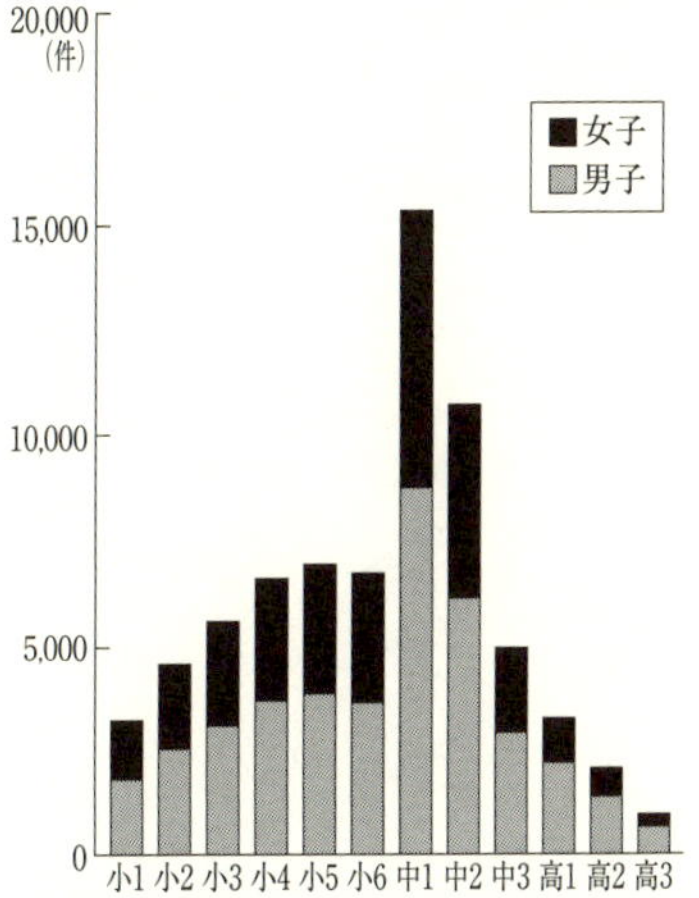

（注）調査対象は、国・公・私立学校。文科省、2011年度。

学年から増加して、中学一年と二年にピークがあり、中学三年から高校生ではずっと減少して行く」という男女共通の学年推移は（件数は信頼できなくても）増減傾向の実態を近似的に反映している、と考えることができます。その意味では、小学校の中・高学年が要注意であり、中学前半が一番危険、中三以降は生徒たちの間に「いじめからの卒業」の動向も見られるということになるでしょう。もちろん、高校生の間にも「いじめ自殺事件」も起こっているので、「卒業傾向にあるから安心」とはとても言えませんが。

細かなデータを示すスペースがありませんが「いじめの様態」では、悪口・冷やかし・無視などのコミュニケーション系がどの学年でも最も多く、暴力や金銭がらみがそれに次ぎ、中学・高校では性がらみ、高校生ではネットがらみが増えるなどの傾向を、ここ数年のデータとして確認することができます。

以上、文部（科学）省と国立教育政策研究所の調査結果から、見えること・見えないことを確かめ、「いじめ」をめぐる大きな動向を見て来ました。[3] 年間に一〇〇万人を超える被害体験という一般的な「はびこり土壌」が今日の学校・学級にあるとすると、悲惨で重大な自殺事件の報道や、学校・教育関係の隠蔽体質が白日の下に晒された際に、社会的にある種の「モラル・パニック」[4]（それが**図1**の件数急増に反映していました）が起こっても仕方のないという状況です。日本の子どもたちがその成長時代をもう長年の間、そのような酷薄な世界を経験して生きていることを改めて確認したいと思います。

2 大学生たちのある「いじめ体験」レポートから

筆者自身が、ある私立大学の一・二年生の受講者が多い授業で、二〇一二年秋に受講者レポートとして「いじめ・いじめられ体験」を記述してもらいました。その結果として、通読したレポート中で「いじめ」の状況がおよそは見える〈一八二件〉の記述から、以下のような整理ができました。

①いじめが起きた学校段階・学年について

◉幼稚園　二件　◉小学校　七一件　◉小・中　二件　◉中学校　八八件

◉中・高　五件　◉高等学校　一四件

②レポート記述者の「いじめ・いじめられ関係」上の立場

［被害者］七九件

「被害者」四五件、「傍観⇒被害者」三件、「非同調⇒被害者」五件

「助け手⇒被害者」六件、「傍観⇒加担⇒被害者」二〇件

［加害者］五二件

「加害者」一五件、「傍観⇒加担」三六件、「被害⇒加害者」一件

［傍観者］五一件

「傍観者」三九件、「傍観⇒助け手」八件、「傍観⇒相談」四件

③いじめが起きている集団・場(5)

◉学校全体を場に　一件　◉一つの学年を場に　八件

◉一つの学級を場に　九九件　◉学級内のあるグループ内を場に　四二件

◉部活動の同学年集団を場に　三三件　◉部活動の先輩・後輩関係で　二件

◉塾や習い事のクラス内で　四件

ここでは①から、大学生になっても心に残るいじめ・いじめられ体験が中学校と小学校の時代に多いこと。②から、被害体験に次いで、加害体験・傍観者体験も多く、被害・加害に到達するまでに「傍観」での非同調から被害に至るルートや、「傍観」から加担して加害に至るルートなどが多いこと、③から、「学級」を場とするものが一番多く、学級内のグループ内の出来事であることがそれに次ぐこと、部活動の場合も同学年集団内が多いことなどを確認できます。「いじめ」が学級全体(少数ながら学年・学校全体へのケースも)に広がった場合の深刻さは間違いなく重大でした。しかし、レポートを読む限り、数人のグループ内の場合も、「昨日まではあんなに仲が好かったのに、どうして突然に」「なぜ、ターゲットがある日突然に変わるのか」と、当事者自身が戸惑い苦しんでいる様子が伝わりました。

斎藤環と土井隆義とのある雑誌での対談「若者のキャラ化といじめ」[6]を通して分析されているような、「仲好し」といっても「キャラを立てる」ことでやっとつながっているという現代の子ども・若者たち、そのコミュニケーションが持つ特有の性格と難しさに重なる内容でした。またそれを経験したかれらだからこそ、「傍観」を含めていまも体験当事者として「いじめ」に傷つき胸に焼き付いていることが伝わるレポートでした。

2

「いじめ」を抑制・解決するための論点

大津市の中学生「いじめ自殺」事件の報道を契機に起こった四度目の「モラル・パニック」状況を、為政者は一つのチャンスと捉えたようです。第二次安倍内閣は、成立わずか二ヵ月余で、「いじめ対策」として「道徳の教科化」「いじめ防止法の制定」「学校・家庭・地域のいじめ対処責任の強化」「いじめている子への毅然とした指導」などを打ち出しています。(7) しかしそれら対策は、前章の長谷川論文が明らかにしたような「今日の学校と子ども世界に、どうしてこれほどいじめ行動がはびこるのか」という深い要因を考えに入れていません。むしろ原因は「子どもたちに道徳意識が欠けること」「学校・教師の責任意識欠如」にあると決めつけ、この「欠陥子ども」「欠陥学校」を叩き直せば「いじめ」は解決するかのような幻想に立つ「厳罰化・責任強化」路線を取っています。(8) これに対置すべき「いじめを抑制・解決するとり組み方向」をここで考えます。

1 対処よりも予防を、競争よりも支援を

先述した国立教育政策研究所「いじめ」追跡調査グループは、いじめが日常化している今日の

図4 いじめ加害を生む要因間の抑制・促進関係図

（国立教育政策研究所）

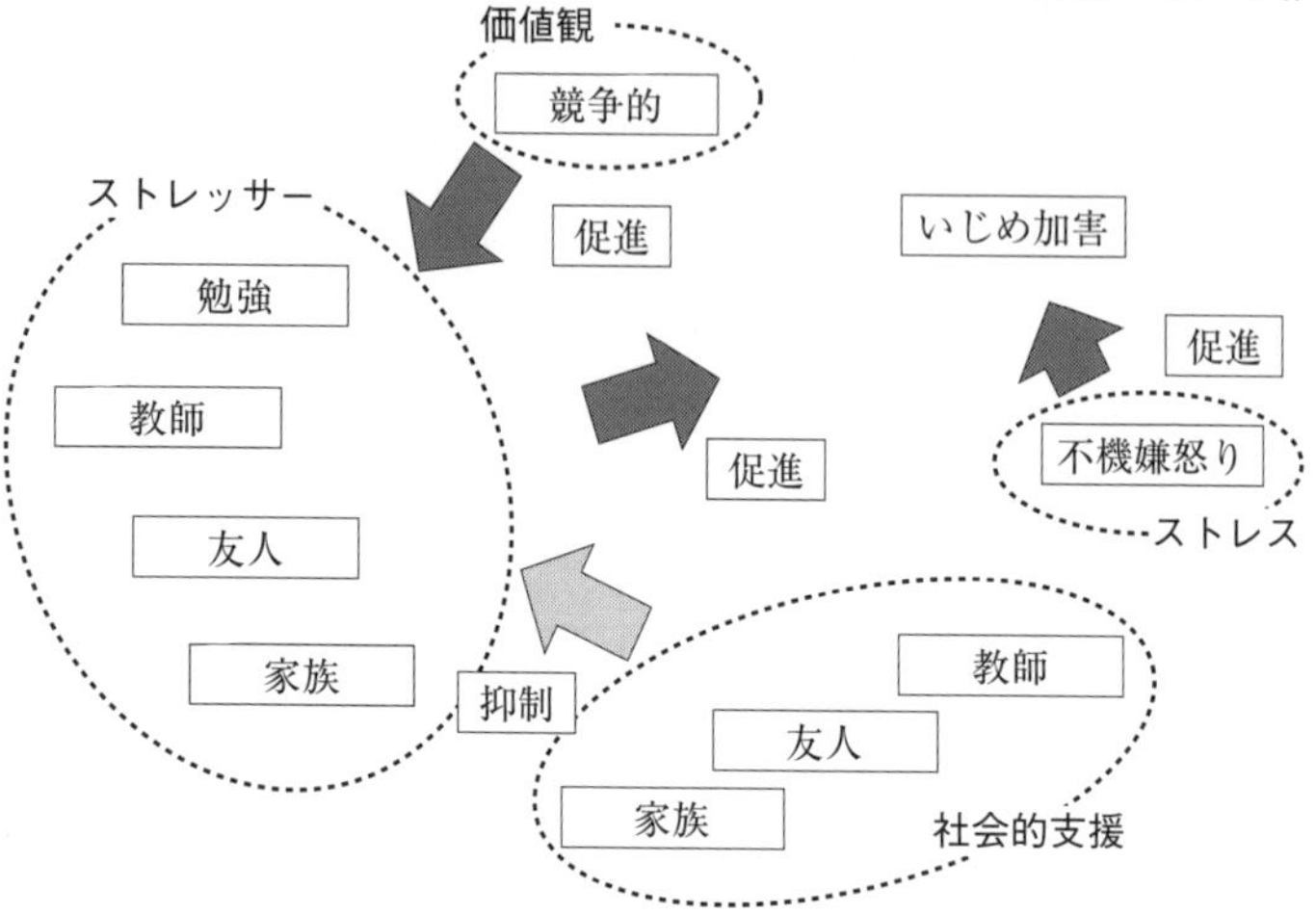

学校状況を明らかにしたうえで、安倍内閣とは正反対に「対処より予防＝未然防止を」と強く主張しています。[9] **図4**は報告書に掲載された「いじめ加害に関する要因間関連」です。学校と子どもたちの「競争的価値観」が、勉強・教師存在・友人・家族を子どもにとっての「ストレッサー（ストレスを強める要素）」にしてしまっていること、そのようなストレス強化が加害児童生徒における「不機嫌怒り」を誘発し、それらが「いじめ加害」を促進すること、逆に教師や友人や家族との間に支援的な雰囲気・関係があればストレスは弱められる、といったことがらの関連をこの図は示しています。結局、大事な予防対策として有効性の見込みがあるのは、「ストレスと競争の過剰状態」をできるだけ避け

て、子どもたちの回りの関係を支援的雰囲気にして行くということになります。この報告書の主張する「予防」は厳罰化で発生を抑えたり「芽のうちに摘む」という意味ではなく、「いじめ攻撃」を発生させ、また深刻化させるような環境的要因をできるだけ防止するという意味です。

この報告書では、「どうすれば関係を支援的にできるのか」の具体策までは見えていません。しかし、視点と方向性はじつに正しいと思います。その意味では、子どもたちを取り巻く「関係と雰囲気」を把握して、それを共同的（非競争的）で支援的なものにする取り組み・方策こそ、「いじめ対策」の基本線であるということになるでしょう。

2 「加害者に厳罰」で解決になるか

前項の提言と反対に、「加害者に厳罰を」という意見は安倍内閣の路線とともに、いじめ問題の有力な研究者の間にも根強くあります。たとえば内藤朝雄や森口朗[10]です。

こうした主張の背景には、三〇年以上続きあまり変化のない「いじめ」問題への社会的いらだちの蓄積もあるでしょう。また、マスコミに登場しくり返される「学校・教委関係者の隠蔽体質」への不信もあると思います。ただそれだけではなく、内藤朝雄の「学校空間が警察介入を嫌い治外法権の閉鎖空間になっている」「加害者は利害関係・計算に敏感で、警察が介入すればいじめを止める」という学説が後押ししています。内藤の提案するいじめ解決は、「警察介入と厳罰化」

「学校・学級の解体」になります[11]。森口の「いじめ」対処法も「少しでも犯罪性があれば警察へ」という構図になっています。

しかし警察介入で解決するという確証はどこにもありません。いじめ加害者の利害計算が働いて一時的な「効果」はあるとしても、それほど計算高ければたちまち警察に告発されないより陰湿で見えづらい「透明化」したいじめ[12]を思いつくでしょう。また警察が頻繁に介入するような学校は、学校制度の閉鎖・抑圧性を上回る強圧性をともなう、国家権力による暴力支配下に子どもたちを置くので、その「教育空間としての雰囲気破壊」の害が大きくなります。子どもたちのストレスはいっそう強まるでしょう。暴力系のいじめを学校・教師では止められない場合の緊急避難的対処に限るべきではないかと考えます。

3 「学校・学級の閉鎖・抑圧性」を開く

内藤朝雄が言う「「いじめはびこり」から「いじめ抑制・緩和」の制度・政策環境の変更が必要」という議論[13]は、基本的に正しいと思います。その場合に「制度・政策環境の変更」を、厳罰化・警察随時介入ではない形で、学級・学校制度のもともと持っている閉鎖性・抑圧性をより真っ当に開くことのほうに希望を見出したいと思います。

学校がもともと閉鎖・抑圧的だと言うと、学校関係者は奇異に思うかも知れません。しかし、たとえば「学年・学級」を同一年齢の子どもたちだけを集めて集団構成するというのは(たまたま一〇〇年以上続いて来たので「当たり前」と感じますが)、他にはないことです。[14] 人間が形成する他の集団は、家族にしても地域にしても職場にしても、ほとんど異年齢者の集まりです。しかも空間への人間詰め込みの密度も、学校の教室は非常に高いのです。「同一年齢の子どもたちを狭い空間に集め、そこでかれらがかならずしも好まない勉強という課題に集中させる(知的集中の強制、監視と点検・叱責・処罰のくり返しなどを含む)」という学校制度の方式は、人間の存在様式として極めて異常であることを、学校関係者はぜひ自覚していただきたいと思います。学校制度は、それ自身の組み立てが子どもたちにとって重要なストレッサーになっています。

もちろん、学校・学級は歴史的にはその閉鎖・抑圧性を緩和し、解放・開放へと導く面も持ったと思います。たとえば「過酷な児童労働からの解放」「広い職業社会への進路を開く」「多様な文化世界との接触と回路を可能にする」などです。その意味では、学校・学級の閉鎖・抑圧性と解放・開放性とは、あるバランスの下にあって、バランスが開放側に傾いていたかつての時代から、おそらく後期戦後のある時期から解放・開放機能が力を失い、閉鎖・抑圧側に傾いたと思います。たとえば、**図4**(一六六ページ)の全要因関連間で「いじめ攻撃」の土台要因となっていた「競争的価値観」が、一九七〇年代半ば以降の日本の社会と学校に深く浸透しました。すると、学校での学習は試験の点数のために狭められ「多様な文化世界との接触と回路を可能にする」という性格を弱めます。その競争性がストレスと攻撃性を誘発し、日本の学級は「学級集団づくり」の可能性の場から、「いじめ・いじめられ関係」が風土病的に広がる場に変質したでしょう。また、一九九〇年代半ば以降は「職業社会への進路を開く」働きが著しく弱まりました。将来見通しが失われることを通じて、学校生活の閉鎖・抑圧性は当然ながら一段と強まったに違いありません。[15]

だとすると、その克服の方策を三方向で考えたいと思います。(1)学級の閉鎖性を開くいまも可能な学校・学級活動として「学校知識の文化性とレリバンスの回復(わかる楽しい授業)」「学級活動や行事活動での共感性の実感(集団活動の楽しさと安心な関係の回復)」「進路における展望の回復(学校から職業への移行の保障)」が考えられます。これは各学級・授業・学校で何らかのとり組みが可能です。また、(2)学年・学級の同一年齢原理を緩和して学校内・外に異年齢の関係を経験する場を多様に用意することは、子どもの間の競争心の働きと相互暴力を弱める有力な制度改革案になります。[16]同時に、(3)「学校の時間・空間秩序」の異常な堅苦しさを「受容的雰囲気の空間」に組み換える(たとえば欧州での小学校の教室は、マットや移動可能な机・テーブル等の組み合わせが普通であり、日本のような狭く四角い教室に整然と縦横並びの机・椅子はまったくの例外です)ことが考えられます。

以上の(1)、(2)、(3)の三点はいずれも「学校づくり改革」という努力を通じて、学校・学級とその活動が現在子どもたちに対して持つ圧迫・ストレス強化の働きを、むしろ「安心と支援、楽しさと充実」の可能性が高まる方向へと開く方策です。そうすることで、子どもを取り巻く関係・環境にある「いじめ攻撃」はびこり・発動・同調の風土を抑制・解消しようと指向しています。それらは、目前のいじめ攻撃に対する方策としてやや距離があるようにも思えます。しかし、三〇年余の間に学校の子ども社会に定着した雰囲気・土壌を変革しようというのですから、広い視野からの考察と方策がいま必要と考えます。

そしてまた、かつては「いじめ」がいまほどはびこっていなかった時代があったこと、いまでも学校やクラスによっては「いじめ」が見られないケースがあること、[17]そうした事実は、支配的になっている「いじめはびこり」の雰囲気・土壌を変革する可能性に希望を与えています。その意味で先の⑴、⑵、⑶を筆者の「学校・学級に〈いじめ風土〉を超える新しい風を」吹かせる「いじめ抑制・解決へのとり組みと改革」として提言したいと思います。

3 「子ども・若者たちの願いと取り組み」への期待をともにして

ただし、右のような「学校づくり改革」の取り組みが（たとえ、方向として真っ当だとしても）直ちにどの学校でも実現するとは限りません。また、筆者の強調する「学校の集団秩序・生活秩序の組み換え方策」が、多数者の合意になるかどうかも不確定です。

だとすると、より直接的な「いじめ抑制・解決」策として、「いじめ攻撃」が起こっているその現場での実践的なとり組みが求められます。そのとり組みは、本書でとりあげた伊藤実践（小学校）、宮下実践（中学校）に示されています。

そこでは、一つは「児童・生徒たちの自らの問題把握と解決を指向する取り組み」を励ますという教育実践の「正道」が示されています。同時に、やや我田引水的に引き取れば、前項の①で述べた学校・学級活動＝「学校知識の文化性とレリバンスの回復」「学級活動や行事活動での共感性の実感」といったとり組みが、そこで指向され、また実現していると実践記録から読むことができます。

こうした実践を（「いら立つ」ことなく）子どもたちを主体として構想し、また教師たちが、子どもたちとも、親たちとも、地域社会の諸専門家とも協力しながら取り組むには、一つの前提への確信が必要に思えます。それは、「どの子どもも、どの親も、教職員のだれもが、本当は〈いじめのない学校〉を心の底では願っている」ということへの確信です。筆者はこの点を、児童相談所の相談員・山脇由貴子さんの二冊の本[18]に教えられました。その確信を土台にした山脇さんの子ども・親・教師・学校へのアプローチには、その柔軟性と知恵と熱意の点で示唆深いものがあると思いました。

そういう思いをともにする取り組みは、子どもをめぐってだけではなく、社会全体の競争性・酷薄性が浸透している日本のあらゆる生活・労働・文化の領域で、私たちおとなの問題として求められている方向でもあると思います。

【注】

1　大津市中学生いじめ自殺が問題化した二〇一二年度に、文科省が二〇一二年四—九月の半年だけのいじめ認知件数調査を各県教委に指示しました。そこでは、前年度一〇〇〇人当り一・八人だった奈良県は、半年で四三・〇件と五〇倍近くになって、把握への熱心さで件数が変化することが如実に示されています。

2　森田洋司『いじめとは何か』(中公新書、二〇一〇年)を参照。

3　森田洋司監修『いじめの国際比較研究——日本・イギリス・オランダ・ノルウェーの調査分析』(金子書房、二〇〇一年)では、いじめがどの国でも学校に多いこと、日本では「傍観者」の中学校での増加が顕著で、イギリスでは中学校での「仲裁者」の増加が見られる、いじめの場所は日本で「教室」が多く、他国は「校庭」が多い、などの世界的・日本的特徴のいくつかを見ることができます。

4　「モラル・パニック（Moral Panic）」とは、ある反社会的行為の発生が民衆に恐怖をもたらし、かつての「魔女狩り」のような対象への集中攻撃が集合行動的に生み出されることを言います。「いじめ自殺」事件報道が洪水のようになされて、関係者への非難が集中する状況は、一種の「モラル・パニック」であると言えます。

5　ここで、件数が一八九件とレポートのいじめ件数（一八二件）より多いのは、「いじめ」がグループから学級に広がった場合を両方にカウントしたからです。

6　斎藤環・土井隆義（対談）「若者のキャラ化といじめ」（『現代思想』二〇一二年一二月臨時増刊号［特集　いじめ――学校・社会・日本］）を参照。

7　教育再生実行会議「いじめ問題等への対応について（第一次提言）」（二〇一三年二月二六日）を参照。

8　本書の三坂論文を参照。また久冨「『欠陥子ども』モデルは何を見落としているか」（『教育』二〇一三年六月）は、安倍内閣のそのような「いじめ対策」を批判的に分析しました。

9　国立教育政策研究所「いじめ追跡調査二〇〇八―二〇〇九」（二〇一〇年発表、次のアドレスに掲載）を参照（http://www.nier.go.jp/shido/centerhp/shienshiryou2/3.pdf）。

10　内藤朝雄『いじめ加害者を厳罰にせよ』（ベスト新書、二〇一二年）、森口朗『いじめの構造』（新潮新書、二〇〇七年）などを参照。

11　内藤朝雄『いじめの社会理論――その生態学的秩序の生成と解体』（柏書房、二〇〇一年）。

12　いじめの透明化は、中井久夫「いじめとは何か」（『季刊仏教』三七号、一九九六年一〇月［特集　いじめと癒し］）の言葉。

13　前注11に同じ。

14　同一年齢構成が「いじめ」を生む相互暴力を強める点は、本書の長谷川論文を参照。また赤坂憲雄「学校／差異なき分身たちの宴」（同著『排除の現象学』洋泉社、一九八六年・ちくま学芸文庫版、一九九五年）を参照。

15　久冨善之「『学級』という集団構造と『いじめ』問題――〈同一年齢原理〉再考」（『〈教育と社会〉研究』一八号、二〇〇八年）では、学級の持つ閉鎖・抑圧要素と解放・開放要素の働きと、両要素間のバランス、近代学校成立から戦後日本でのそのバランス変化、組み換え可能性を追求しています。

16　たとえば、前注6の対談でも、現代若者集団の関係性格を捉えたうえで、「学級を世代間や地域に開く」方策が提案されています。

17　先の学生「いじめ体験レポート」には、いじめとその雰囲気がまったくなかったクラスや学校の体験も二〇件程度報告されていました。また筆者らが実施した、全国の小・中・高校生六〇〇〇余人の回答のアンケートでも、クラスのほぼ全員が「このクラスにはいじめがない」と回答する学級が五％以上ありました（現代日本の子ども・若者、その「生活と意識」研究グループ『日本の子ども・若者は、いま、をどのように感じ・考え、またどう生きているか』、科学研究費研究「コア・リテラシーと子どもの生活」〔代表：村山士郎〕中間報告書、二〇〇五年に所収）。

18　山脇由紀子『教室の悪魔――見えない「いじめ」を解決するために』（ポプラ社、二〇〇六年）。同『震える学校――不信地獄の「いじめ社会」を打ち破るために』（ポプラ社、二〇一二年）。

ブックガイド

知ることの痛みとその希望 いじめ問題を考えるための17冊

山本宏樹　東京理科大学

国立国会図書館の蔵書検索によれば、八〇年代以降タイトルに「いじめ」を冠する書籍の出版は少ない年で三〇冊、多い年では百冊を超えるようです。この怒濤の奔流のなかにあっては、みずからの読むべき本を選定することも決して容易ではありません。そのため、ここでは筆者が収集したいじめ関連書籍二百冊程度のうち、二〇〇〇年以降の出版物で薦められるものを研究書・ノンフィクション・実践報告・創作作品の四領域から取り上げて紹介し、それらを通していじめ問題について考えていきたいと思います。

いじめの構造を知る

◆いじめ概論

はじめに理論的な概説書として教育社会学者である加野芳正の『なぜ、人は平気で「いじめ」をするのか?——透明な暴力と向き合うために』(二〇一一年、日本図書センター)を紹介します。本書は一般読者向けの概説書であり語り口は柔和ですが、扱っている内容自体は重厚です。八〇年代以降のいじめ問題史、いじめ構造論、いじめ報道論など領域別に先行研究が網羅されており、最初に読むべき一冊として推奨できます。

心理学領域の実証的知見を得たければ、坂西友秀、岡本祐子[編著]『いじめ・いじめられる青年の心——発達臨床心理学的考察』(北大路書房、二〇〇四年)を読むのがよいと思います。共著本であることもあってやや羅列的な印象も受けますが、加野の文献で扱われていない近年の海外文献によく目配りがなされています。

もうひとつ『緊急復刊 imago 総特集いじめ——学校・社会・日本』(『現代思想』二〇一二年一二月臨時増刊号)も重要です。前述の二著作に比べると硬派な内容ですが、第一線で活躍する研究者・実践家の論考や対談が集録されており、学際的ないじめ論の最先端をうかがうことができます。

◆いじめ研究者の手による入門書

概論の先へ考察を進めたい場合は、著名ないじめ研究者自身の手による入門書に当たるのがよいと思います。一冊目は八〇年代からいじめ研究をリードしてきた社会学者森田洋司の『いじめとは何か——教室の問題、社会の問題』（中公新書、二〇一〇年）です。本書では八〇年代以降における国内外のいじめの社会問題化過程がエピソードなども交えつつ丁寧に記述されています。依拠するデータが主として九〇年代以前のものであるため、いじめの今日的様相を知るにはやや弱いですが、氏の主導した世界比較研究や、すでに定説となった「いじめの四層構造モデル」、いじめを止められる社会をつくるための「ソーシャルボンド理論」などの重要性は不朽だといえます。

もう一冊、九〇年代後半以降にリベラル陣営のタカ派論客として頭角を現した社会学者内藤朝雄の『いじめの構造——なぜ人が怪物になるのか』（講談社現代新書、二〇〇九年）を挙げます。内藤理論の特長は、いじめ現象を「不全感を抱える加害者の心理状態」と「全体主義的な社会環境」の交差するところに生起するものとして描ききった点にあり、とりわけ加害者の心理を知るにあたって、これほど打ってつけの研究はないでしょう。

森田と内藤は研究方法の面でも最終的な対処方策の面でも好対照をなしており、両著作を併読することでいじめをめぐる議論の構図が浮き彫りになるものと思います。

◆いじめブックガイド

上記文献を読んだうえで、さらに理論的見識を深めたい場合は、加野文献巻末の「ブックガイド」や『imago』の巻末に所収されている伊藤茂樹「いじめ問題ブックガイド」を参考にしながら、ネットいじめ、キャラ戦争、スクールカースト、いじめ報道といった各論に進むのがよいと思います。伊藤文献は文献紹介として優れたものであるのみならず、「いじめ語り」の構図を批判的に分析した論考としても重要なものとなっています。

いじめの深層をのぞく

いじめという現象の渦中にある当事者の苦悩や葛藤に向きあおうと考えるならば、やはり当事者の声に耳を傾ける必要があるでしょう。本稿では、そのためにまず岩脇克己・岩脇寿恵・いじめの記憶編集委員会『いじめの記憶――もうだれもいじめないで』（桂書房、二〇〇九年）を挙げます。本書は子どものいじめ自死以後、世間からの苛酷な追い打ちに曝されながら社会的忘却の誘惑に抵抗した両親の二〇年にわたるたたかいの記録です。両親の手記を中心にして、遺書、いじめ加害者のメモ、新聞記事、裁判記録、支援者の声、裁判所に提出された研究者やカウンセラーの意見陳述書が集録されており、いじめに関する概説書としても極めて重要なものとなっています。

もう一冊、いじめ自死事件の加害者側に焦点を当てて取材したノンフィクションとして豊田充『いじめはなぜ防げないのか――「葬式ごっこ」から二十一年』（朝日新聞社、二〇〇七年）を挙げます。本書は鹿川君いじめ自死事件の八年後と二一年後の二度にわたって複数の同級生にインタビューを行ったもので、いじめの空間に居合わせた同級生たちの心の機微を明らかにしつつ、かれらの「その後」を追った執念のルポルタージュです。

学校に着目したノンフィクションとしては共同通信大阪社会部『大津中2いじめ自殺：学校はなぜ目を背けたのか』（PHP新書、二〇一三年）を薦めることができます。本書は昨年大津市で起こったいじめ自死事件をめぐる共同通信の連載記事をもとにした著作です。報道のあり方は世論を左右し、裁判の趨勢に影響を与えます。本書の記者たちは自身の権力性を自覚し、記者としての良心にしたがって表題の事件のみならず類似の事件や教員の多忙状況などについて丹念に取材し、抑制的な筆致で「いじめの深層」に多角的に光をあてていきます。

現場に有能さを求めれば求めるほど、現実の学校関係者に対する不信は深まり、批判の余地が拡大します。理論編で挙げられた文献を読めば分かるとおり、そこから「現場いじめ」の発生まで、ほんの数ステップの距離しかありません。「巨悪」「絶対悪」を名指してそれを非難するというありがちな構成を意図的に拒否する本書は、結果としてそれ自体「現場いじめ」に対する抵抗の実践になりえています。

いじめに対する実践に学ぶ

◆教師の実践

いじめに対する学校現場の教育実践をめぐって交わされる議論には百家争鳴の感があるものの、対応の方法論によって大別すれば「懲戒派」と「対話派」の対立の様相を呈しているといってよいでしょう。

懲戒派の特徴は厳格な懲戒行為を通じて加害児童生徒に心理的な負荷を加えることで加害児童生徒の更正をうながす点にあります。その一つとして小中学校の四三の成功例を収集した山本修司［編集］『いじめを絶つ！　毅然とした指導3――子どもの命を守った現場教師たちの実践（教職研修総合特集）』（教育開発研究所、二〇一〇年）が挙げられます。基本的な流れは、問題発覚→加害者への個別の事情聴取→反省指導→被害者・加害者あるいは双方の保護者をも交えた「謝罪の会」の開催、ここまでをできるかぎり早急にやり遂げるというものですが、本書は懲戒的指導一辺倒というわけではありません。校長室において校長を裁判官、生徒指導主事を検察官、学級担任を弁護士の役にして加害者の「禊ぎの儀」を執り行うという実践が絶賛されているように、硬軟を使い分けて非行状況の進んだ子どもの内面に揺さぶりをかけることが目指されているのです。

本書は成功事例を概略的に示すという構成を取っており、とりわけ反省点や課題が示されていないため実践上の参考にするには物足りないですが、懲戒派が理想とする指導のかたちを知るには適した著作だといえるでしょう。

それに対して対話派は、いじめ加害者の持つ苦悩を踏まえたうえで対話によって加害者の変容に向けた教育を行っていく点に特徴があります。たとえば全国生活指導研究協議会の『生活指導〔第七〇六号〕特集いじめを子どもと乗り越える』（高文研、二〇一三年二・三月号）には、そうした対話的教師の四報告と二人の研究者による報告の解釈が掲載されています。教育科学研究会〔編〕『なくならない「いじめ」を考える』（国土社、二〇〇八年）に集録された四つの教育実践報告も対話的実践の例に数えられるでしょう。

多くの実践に共通するのは、問題発覚後、加害者との対話や学級会の議論のなかで加害者やその親の苦悩・困難性が明るみになり、それが周囲に共感的に受容されるという流れです。それによって加害者は自身の過ちを認めて懺悔し、また互いをより深く知るに至った学級や家庭の関係性もまた組み替えられていきます。そこに示されているのは被害児童生徒を含む学級集団全体に議論を開き、子どもたちによる自治を目指すという道です。

両派とも相手方への批判は辛辣ですが、だからこそ私たちは敢えてこの2つの陣営の実践報告を併読する必要があります。なぜなら、この対立と混乱こそが教育現場の実状だからです。両陣営ともいじめへの適切な対処のために組織的な取り組みが重要であるとする点では一致しています。最終的にいかなる関係性をとり結ぶにせよ、私たちは両派の思想的差異とその基盤にある共通性、そして誤解による齟齬の程度を精確に見積もり、対論を行っていく必要があるのではないでしょうか。

なお、近年の学校でのいじめ対応について理論的に検討を行った本稿の姉妹編とも呼べる拙稿が『一橋大学〈教育と社会〉研究第二三号』に掲載される予定です。本項で挙げた書籍やその他の文献に関してより踏み込んだ紹介や解釈を望まれる場合はご参照ください。

◆教師以外の実践

教師以外の実践も忘れるわけにはいきません。まずスクールソーシャルワーカーの草分け的存在である山下英三郎の『いじめ・損なわれた関係を築きなおす――修復的対話というアプローチ』（学苑社、二〇一〇年）を挙げます。氏のいう修復的対話とは問題の処理を司法の裁定に委ねるのではなく、加害者と被害者の直接的な対話のなかで考えていくというものです。そのように言うと「赦しの強要」の危険性がはらまれているとの危惧をもたれる方もいるでしょう。もちろんその危惧は正しいのですが、前述の当事者の語りを読めばわかるとおり、いじめ被害者やその遺族のなかには壮絶な葛藤を抱えながらも加害者との対話を望む者がいるということ、これもまた真なのです。前述の対話派教師たちの実践を理解するにあたっても本書は重要だといえるでしょう。

東京都児童相談所の児童心理司である山脇由貴子の『教室の悪魔――見えない「いじめ」を解決するために』（ポプラ社、二〇〇六年／ポプラ文庫、二〇〇九年）と『震える学校――不信地獄の「いじめ社会」を打ち破るために』（ポプラ社、二〇一二年）についても紹介します。二冊とも著者自身の現場経験をもとに巧みな筆致でいじめの解決までの過程が描かれており、優れた波瀾万丈物の読後感があります。また、後半部では一冊目は親や一般向け、二冊目は学校向けに対応の指針がまとめられており、いじめ被害をめぐって陥りがちな親と学校の対立関係がいかに問題解決にあたって不毛かを両書は教えてくれます。懲戒派教師の実践との共通性にも留意しつつ第四極として対比的に読むことを薦めたい本です。

いじめからの「救い」を探す

いじめをめぐっては安易に希望を語ることさえ憚られる現況があります。しかし困難を承知で敢えて「救い」を探すとすれば、それはいかなるものとなるでしょうか。三つの創作をもとに考えていきます。

一冊目は角田光代の『対岸の彼女』（文藝春秋、二〇〇四年／文庫版、二〇〇七年）です。一九八〇年代、小学校を孤独に過ごし、中学生のときに女子のいじめによって不登校となった葵は、卒業と同時に両親と共にだれも知らない町に転居し、そこで私立の女子高に通い始めます。不穏な空気の漂う教室で気の進まないまま付和雷同を続ける葵にとってただ一人心の拠り所となるのは、どのグループとも適度に距離をとる孤高の存在ナナコでした。葵は他人の悪口を言わず軽やかに生きるナナコを見て、きっと両親に大事に守られてしあわせに生きてきたのだろうと想像します。そして憂鬱な教室や家庭から自分を救いだしてくれる近くて遠い「対岸の彼女」に対して信頼と不信、憧れと嫉妬、そして自己嫌悪のいりまじった感情を覚えるのでした。

もうひとつのストーリーは、それから二〇年後の現代に生きる主婦小夜子と、旅行会社の社長となった葵を軸に語られます。うまくいかない子育てや夫婦生活、主婦同士の交友関係に疲れ果て、息抜きを求めて仕事を始めた小夜子にとって、自由闊達に生きる葵はもうひとりの「対岸の彼女」です。しかしこの二〇年間の葵の変貌は何を意味するのでしょうか。それがこの物語の鍵となります。そして、もちろんそこに直線的な成長譚などあるはずもないのです。

「苦悩は人によってもたらされるが、救済もまた人のなかにある」。それはしかし、あまりにまばゆく残酷な答えです。傷つけられた者がどうして酷薄なこの世界を信頼し、他者と向き合えるというのでしょうか。本書が告げているのは信頼に確たる根拠など無いということ、しかしそれでも人はいくつかの相互信頼の経験をよすがにして他者を信じようとするし、そうせずにはいられないということです。

対岸に架かる橋はだれによって指し示され、だれがそれを渡るのか、本書においてはこの点が重要です。傷ついた者が本書を拠り所に一歩なりとも歩みを進め、他者を救うことでみずからも救われる、そうした日が来るかもしれません。その意味で文学の持つ力を目の当たりにする作品です。

次に重松清の『青い鳥』（新潮社、二〇〇七年／新潮文庫、二〇一〇年）を挙げます。本書はいじめを含むさまざまな問題の渦中にある中学生たちと吃音をもつ教師村内の「対話」を描いた短編集です。

本書の基底にあるのは「内なる光」の希求というモチーフです。被害者、加害者、傍観者のいずれにおいても「救済」は自己否定によってではなく「本当の自分」を肯定することによって訪れます。

村内は苦悩の縁にある子どもたちの存在を肯定し、その内にある良心に語りかけます。傷つけられ他者に怯える者には「君は一人ではない」と言って自己受容をうながし、人間関係の息苦しさに喘ぐ者、いじめの傍らにあって何もできずに罪の意識に苛まれる者にはみずからの良心を信頼することを励まします。そして、いじめ事件の加害者に対しては、出来事の忘却によって「救済」が訪れることはないと態度によって示します。「内なる光」から目を背けることではなく、事実を直視し罪を引き受けることによって「救済」は訪れるのだというのです。村内の言葉は叱責よりも重く子どもたちに響くということも重要です。本書は対話的教育実践の可能性を謳っているのだといえるでしょう。

そして最後に、いじめ加害生徒にとっての「救済」の行方を描いた作品として児童文学作品、ベン・マイケルセンの『スピリットベアにふれた島』(鈴木出版、二〇一〇年〔原著出版二〇〇八年〕)を挙げます。クラスメイトに対するいじめ暴力によってアラスカの孤島に送り込まれた不良少年が、精霊の化身である白熊の純粋かつ圧倒的な暴力にさらされたことをきっかけにして自身の内側に棲む憤怒と向き合い始める、という前半部のあらすじだけを抜き出すと、本書はスパルタ系矯正教育への憧憬を強化する作品に違いありません。それでも敢えて本書を薦めるのは、加害少年の抱える世界不信の描写に優れていること、そして先述の山下の著作で見た、いじめをめぐる修復的実践の可能性について考える導きの糸になりえるからです。

もちろん加害生徒にとっての「救済」は被害生徒の「救済」とともにあり、その前途は険しいものとなるでしょう。ですが虐待されて育つなかで罪を犯すに至った一人の少年のために何十人もの大人たちが多大な時間をかけて知恵を絞る「サークル・ジャスティス」の存在がそこでは希望になります。

『青い鳥』と『スピリットベアにふれた島』では『対岸の彼女』で描かれた「救済の希望」に対するオルタナティブが示されています。伴走者の役割を重松は吃音という被虐者の徴を持つ「特別な先生」に求め、マイケルセンはそれぞれに不完全で先人の知恵を頼りに右往左往しながら合議するごく普通の大人たちに求めるのです。

英雄待望論を超えて

希望について語ることは重要です。しかしその一方で、正直なところ筆者はみずからの英雄譚語りに危惧を覚えてもいます。学校で間断なく生起し続けるいじめを憂う私たちは、さりとて構成員間の権力的不均衡によって暴走する危険をはらんだ学級制という教育装置を手放すことはせず、卓抜した教育実践を可能にするだけの人員と時間とを確保すべく大胆な予算措置を講じることもしてきませんでした。

『青い鳥』のような英雄的教師や『対岸の彼女』にあるような越境的決断は、既存の教育システムを所与のものとしつつ、そのうえで「サークル・ジャスティス」に見られるような社会的手当ての間隙を埋めるために召喚されるものだとも言えます。私たちはそれらが限られた選択肢のなかの最適解でしかないことを忘れることなく、教育システムの改善にむけて理性的に議論を進めていくべきでしょう。

いじめの社会問題化は八〇年代以降少なくとも四度を数えます。その度ごとにこの社会では世を憂い、学校を責め、そして問題を忘却することが繰り返されてきました。もちろん良心的な人は別の声を上げたでしょうが、その声も喧噪にかき消され、他に為す術もなく時が流れていきました。この構図には既視感がともないます。まさにこれはいじめ事件の当事者を被害者の位置に置いた、いじめ加害と傍観の図そのものではないでしょうか。

いじめを憂う私たち自身、いじめの構図のなかにあるということの痛み、これこそが重要であるように思われます。その痛みの内にこそ英雄待望論を超えて「いま、ここ」に変化の起点を定めようとする希望が宿るように思われるのです。

おわりに

いま、日本国憲法前文に書きこまれた「平和のうちに生存する権利」(平和的生存権)の実現が、いじめによる苦悩から子どもたちを救いだすための教育の取り組みにとって、正面に掲げるべき目標となっています。

人類は、長いたたかいを経て、暴力によって人の命や精神の自由を侵すことを、人間の尊厳に背く行為として批判し、それを許さない規範を獲得してきたはずでした。その最大の努力は国家間の戦争の廃止に向けられ、いまなお大きな課題を残しつつも、一定の到達点を形成しつつあります。しかし、いま、子どもたちのミクロの社会関係において「平和的生存権」を保障することが大きな困難に直面しています。命の危機をも引き起こす事態が、いじめの拡大として生じているのです。この事態にどう教育実践が立ち向かうかが、すべての学校、すべての教師に、そして日本社会に問われています。

しかし、徹底して子どもを管理するという方法ではいじめを克服することは、できないし、すべきでもありません。なぜなら、小さい子どもや思春期の生徒が、最初から対等で民主主義的な他者との交わりの技を身につけていることを前提とすることはできないからです。そういう技や力を身につけていない子どもが、試行錯誤し、失敗を重ねつつ、獲得していく発達の試行錯誤の過程は、意図せぬいじめを生み出しつつ展開することもまた避けられないものです。その試行錯誤は、けんかをしたり、力の強いものが弱いものを暴力で打ち負かしたり、相手を言い負かしたりしつつ展開するより他にないのです。このいじめの芽をすべて取り締まることは、唯一、子どもたちがお互いに関係を持つことを全面的に禁止することによってのみ可能となることでしょう。それは発達への挑戦自体を禁止することであり、子どもの行動をすべて教師の目で監視して、自律への機会を奪ってしまうものとなります。

もちろん、いじめが迫害的ないじめに展開し、そこに学校や教師が全力で介入し、いじめをやめさせるべきケースがあることも事実です。しかし発達の試行錯誤としてのトラブルと「いじめ」の境界が幅広いグレーゾーンを持っていることも否定できません。

本書の論者の多くが指摘しているように、激しい学力競争によって、子どもが攻撃性に転化するストレスを抱え、「存在論的不全感」を強要される子どもがそれを「全能感」の獲得によって補償しようとする人間の心理的機制が呼び起こされるような状況もあります。加えて孤立を恐れる故の同調がまるでゲームのように広がっていく心理空間が子どもを取り囲んでいるなかで、子ども同士が関係を持とうとする行為それ自体が、これらのゆがみと危険に絶えずつきまとわれていると言うべきでしょう。

だとするならば、いじめと取り組むことは、この発達の試行錯誤の過程――それがたとえ多くの危うさと危険性をともなっているとしても――を子どもから奪うことであってはならないのであり、逆にその危うさを含んだ他者とつながろうとする挑戦、生きるために欠かせない他者とともに生きる技と方法の獲得への挑戦を、対等で、共感的で、民主主義的な関係として発展させていく働きかけこそが求められているのです。

そう考えるならば、いじめとの取り組みには、対等で、平等で、共感的な関係性をどうつくりあげていくのかという長期的な見通しにたったクラスづくり、自治と生活の指導の視点が、不可欠だということがわかります。いじめとの取り組みは、いじめが生まれて困難が生じてから取り組むというよりも、普段のクラスづくりや生活指導を通して、子どもたちの豊かで民主主義的な関係をどう発展させていくのかという積極的で一貫した取り組みを必要としているのです。

そもそもいじめを克服するということは、子どもたち自身がいじめをこえることができる力を獲得するということを基本的な視点として取り組まれなければなりません。いじめの四層構造論（森田洋司）という提起にしても、いじめを引き起こす関係性に子どもたち自身が深く関わっており、その関係性を子どもたち自身が自覚して、自らの意思でその関係性をつくり替えることを求めるものです。そのためには、いじめとはどのような人権侵害であるのか、どういうメカニズムでそれが引き起こされるのか、いじめられる者はどのようにして力を奪われていくのか、いじめを止めるにはどのような工夫と勇気が必要なのか、などについて学ぶ必要があります。子どもにそういうことを知らせ、学ばせることは、今日においては、すべての教師の責務となっているのです。

すでに今日の子どもの多くが、いじめをさまざまなかたちで体験しています。教師は、この子どもの中にあるいじめの体験を、子ども自身が身体と心の全人格的な体験として意識化し、いじめとは何かを捉え直し、それをこえていく方法をこの経験の中から学んでいけるようにすることが必要でしょう。それは決して与えられた規範に従って行動する訓練でも、教師の指示や管理にしたがって行動する習慣を身につけることでもなく、自分自身の身体と心に刻まれた感覚と他者に共感する内的な力によっていじめの存在を感じ取り、それに対抗する正義の価値意識と人権感覚を人格に刻み込むことではないでしょうか。

そのときに教師に求められる非常に重要なことは「意識化」という働きかけです。中学時代、私のそばでしつこいいじめがくり返されていました。それはほとんど遊び仲間のようにして小グループでくり返されていたもので、いじめられるほうが、笑いつつ悲しんでいたことを感じていました。「やめればいいのに馬鹿なことをしている」と感じつつも、それ以上には介入できませんでした。いじめる生徒に対しては、一定の恐れの感覚もあり、勇気が足りなかった面もありました。しかしそれ以上には、私の認識が発展しなかったのです。いまなら考えることができる視野を当時は持つことができなかったのです。もやもやした、それじゃいけない、というような感覚はあったのですが、「恐れ」もおそらく関係して、それ以上には、意識化が進まなかったのです。いまはそのことを、悔やみつつ思い起こすこともあります。そして、どうして教師はそういう臆病な私の認識をもっと「意識化」し、私に勇気を持って課題を背負うことを求めてくれなかったのかとも思ったりするのです。私がとくに正義派だったわけでもありません。しかしそういう「正義」を当時の私自身から引き出すことができたかもしれないという気もするのです。

教師はそういう「意識化」の働きかけによって、多くの生徒の人間的な成長を引き出し、発達の試行錯誤としてのいじめの過程を、より豊かな人間的共同の力や正義を見分ける力の獲得へと組み替えることができるのではないでしょうか。そういう子ども自身への期待と信頼をともなった意識化の働きかけを持たない管理の強化や厳罰化は、いじめを不断に噴出させるストレスや発達の歪みが蓄積するにしたがって、どこかで突破されてしまいます。

いじめ現象の拡大は、子どもの中に、彼らが担うべき将来の市民社会を、人権や平等の価値規範に基づいて自らつくり出していく力量がいまだ形成されていないという危険信号ではないでしょうか。とするならば、いじめと取り組むということは、支配と被支配、暴力や多数による心理的抑圧などによって彼らなりの居場所を確保するための粗暴で野蛮な子ども世界の政治を、人権と民主主義、表現の自由、さらには他者の人間的内面への共感を介して共同をつくり出していける政治へと組み替えていくことでなければなりません。子どもにとって政治は遠い先の、大人になってから直面する世界なのではなく、いままさにいじめという関係の中で、命をも絶つほどの苦しみをともなって経験している日々の中に展開している営みそのものなのです。子ども世界の政治を、どう民主主義の政治へと組み替えるか——教育実践の全体、教科の学習や学級づくりの過程も含んで、教師の教育実践の全体が絶えずこの焦点の課題に対する働きかけとして意識的に計画される必要があるのです。

最初に指摘したように、日本国憲法は、「平和のうちに生存する権利」をすべての子どもに保障しています。いじめの中で、苦しんでいる子どもに、何よりもこの憲法的権利を回復することが不可欠です。学校と教師、そして社会も、そして周りの子どもも、すべてその権利を回復することに責任を負っています。憲法を学ぶということは、そういう責任を引き受ける構えを自らのうちに築くことでもあります。いじめとの取り組みはそういう点でまさに社会全体の課題であり、社会全体にそういう意思がみなぎるならば、いじめとの取り組みは大きく前進するに違いありません。
本書が、そういういじめとの取り組みを励まし、意識化する一つの問題提起になることを願っています。
二〇一三年七月
佐貫 浩

【編　者】

教育科学研究会

教育科学研究会（略称・教科研）は、教育の現場（学校や園、家庭や地域）で起こっている現実を見すえながら、子どもの未来と教育のあり方について、教職員、保護者、指導者、学生、研究者などが共に考えあい、実践・研究しあう自主的民間団体。一九三七年結成、一九五二年再建。雑誌『教育』（かもがわ出版）は、教科研が編集する月刊の民間教育誌。

【執筆者】

佐藤　隆　都留文科大学
片岡洋子　千葉大学
伊藤　和　公立小学校教諭
桐井尚江　公立中学校養護教諭
宮下　聡　元公立中学校教諭
井上正充　元筑波大学付属駒場中高等学校教諭
三坂彰彦　弁護士
長谷川裕　琉球大学
久冨善之　一橋大学名誉教授
山本宏樹　東京理科大学
佐貫　浩　法政大学

編集担当　佐藤　博

いじめと向きあう
2013年8月10日　初版第1刷発行

編　者……………………………教育科学研究会
装　丁……………………………Boogie Design
イラスト ………………………コイヌマユキ
発行者……………………………木内洋育
編集担当 ………………………田辺直正
発行所……………………………株式会社旬報社
〒112-0015 東京都文京区目白台2-14-13
電話（営業）03-3943-9911
http://www.junposha.com
印刷·製本 ……………………株式会社光陽メディア

ISBN978-4-8451-1325-5